# Mit Wort und Wein auf Winzerwegen

Werner Böhme / Günter Rühle

Gräser Verlag

Herausgeber: Weinbauverband Sachsen e.V.
Gebietsweinwerbung

Herausgeber:
Weinbauverband Sachsen e.V.
Gebietsweinwerbung

Text
Werner Böhme

Weinfachliches
Günter Rühle

Illustrationen
Bettina Elstner

Fotos
Archiv Brück & Sohn, Meißen
Dr. Eberhard Brüchner
Jörg Mosch
Kerstin & Thomas Rieß
Günter Rühle
Dr. Kurt Steudner
Dr. Wolfgang Thomann

Verse
Wilfried Wentzel

Layout
Grafik Design ELSTNER
Layout Anhang
Offsetdruckerei Starke & Sachse GmbH, Großenhain

Satz
Offsetdruckerei Starke & Sachse GmbH, Großenhain
Grafik Design ELSTNER

Druck
Offsetdruckerei Starke & Sachse GmbH, Großenhain

Fachlektorat
Dr. Wolfgang Thomann

2. Auflage


ISBN-Nr. 3-932913-10-8

# Inhalt

# Vorwort des Weinbauverbandes Sachsen e.V.

Sehr geehrte Leserinnen und Leser,
liebe Freunde des sächsischen Weines,

das Ihnen vorliegende Buch erscheint aus Anlaß eines besonderen Jubiläums, nämlich der Gründung der „Sächsischen Weinbaugesellschaft" am 18. November 1799. In dieser ersten Weinbaugesellschaft Deutschlands, wahrscheinlich auch Europas, und damit der „alten Weinwelt", sieht der heutige Weinbauverband seine Wurzeln und feiert damit 1999 sein zweihundert jähriges Bestehen in Sachsen.

Urkundlich nachweisbar werden schon über achthundert Jahre in Sachsen Reben gepflegt und Wein daraus bereitet. Wie überall in Deutschland und Europa erfuhr der Weinbau gute, aber auch schlechte Zeiten. Besonders dann, wenn dem heimischen Weinbau Gefahr drohte, sei es von innen oder von außen, kam und kommt es darauf an, die Kraft der Winzer und Weininteressenten zu bündeln und die Potenzen der Gemeinschaft zum Wohle des Weinbaus zu nutzen. So taten sich damals vor zweihundert Jahren, geführt vom sächsischen Oberlandweinmeister J.M. Fleischmann, einige engagierte Winzer und Weininteressenten zusammen, um den Weinbau in Sachsen durch die Gründung der Weinbaugesellschaft voranzubringen. Ihnen gelang es, so manches Hemmnis der damaligen Zeit zu beseitigen und den Weg für einen Weinbau nach modernen Gesichtspunkten freizumachen. Wechselhaft war die Geschichte der Weinbaugesellschaft bzw. des später aus ihr hervorgegangenen Weinbauverbandes. Dieses Buch soll u.a. jene Entwicklung belegen, aber ebenso an die beispielhaften Initiativen vor zweihundert Jahren erinnern.

Die Rebflächen an der Oberelbe zählen seit der Wiedervereinigung Deutschlands zu den dreizehn anerkannten Weinbaugebieten. Sachsen ist dabei das kleinste und nordöstlichste Anbaugebiet Deutschlands. Entsprechend den neuen marktwirtschaftlichen Erfordernissen haben die Winzer ihre Verbandsarbeit neu organisiert. Eine Chance und Herausforderung zum Wohle des sächsischen Weines zu wirken. Die Tatsache, daß der Weinbau, nach seinem Rückgang bis auf ca. 70 Hektar, im Elbtal von Pillnitz bis Seußlitz wieder zu einem landschaftsbildenden Element geworden ist, verdanken wir vor allem dem damaligen Volksweingut „Schloß Wackerbarth" und den etwa 200 in der Winzergenossenschaft organisierten Hobbywinzern, die insbesondere auch Steil- und Terrassenlagen wieder urbar machten und bewirtschaften. Die Hobby- und Nebenerwerbswinzer haben auch ihre bereits schon seit 60 Jahren bestehende Genossenschaft reorganisiert und den Erfordernissen der Marktwirtschaft angepaßt. In diesem Sinne ist es auch als eine Belebung des Wettbewerbsgedankens und Bereicherung der Angebotspalette anzusehen, daß einige Winzer ihre Chance nutzten und eigene private Weingüter schufen. Auch das Weingut Schloß Proschwitz wurde wieder neu gegründet. Eine traditionsreiche Entwicklung wird damit fortgeführt, ohne daß auf Neues verzichtet wird. Nach einigen Jahren der Unsicherheit hat sich der Freistaat Sachsen glücklicherweise nun auch für den Erhalt des Staatsweingutes Schloß Wackerbarth entschieden.

So ist der Weinbauverband Sachsen heute einerseits in einer recht glücklichen Lage. Er vertritt ein kleines, aber feines Weinanbaugebiet mit etwa 380 Hektar Weinbaufläche. Die sächsischen Weine, vor allem die Weißweine, haben eine besondere Qualität, die man mit den Worten „klassisch, sächsisch, trocken" beschreiben kann und die nicht nur in Sachsen ihre Liebhaber finden. Mit diesen Weinen leisten die Winzer auch einen Beitrag zu sächsischer Lebensqualität und -kultur. Darüber hinaus ist der Erhalt der in über achthundert Jahren gewachsenen Kulturlandschaft nicht nur Mittel zum Zweck, sondern auch ein gewachsenes Bedürfnis und Zutun für ein schönes und kulturvolles Sachsen.

Andererseits bringt die neue Zeit auch wiederum neue Herausforderungen für den sächsischen Weinbau. Die Konkurrenz innerhalb der Europäischen Union ist sehr groß, viele gute Weine werden angeboten. Doch wir glauben, auch in dieser neuen Bewährungssituation wird sich der sächsische Wein als Spezialität und Rarität behaupten. Laßt uns den sächsischen Wein hier trinken, wo er gewachsen ist. Er wird uns seinen besonderen Charakter und seine Qualität offenbaren. Und der Verkauf jeder Flasche Wein bedeutet letztendlich auch ein Stück Erhalt der sächsischen Weinkulturlandschaft.

Die Mehrzahl der sächsischen Wein- und Traubenerzeuger, darunter auch die Hobbywinzer, sind im Weinbauverband Sachsen e.V. vereinigt. Gemeinsam wirken sie für den weiteren Fortbestand des sächsischen Weinbaus. Als ein besonderer Erfolg des Weinbauverbandes, neben vielen anderen Aktivitäten, ist die Einrichtung der Gebietsweinwerbung im Jahre 1997 zu betrachten. Unter Mitarbeit der weinerzeugenden Betriebe ist man hier gemeinsam für den sächsischen Wein tätig, werden Ideen gesammelt und in die Tat umgesetzt.

Obwohl sich gerade in den letzten Jahren einige positive Veränderungen im Weinbauverband vollzogen haben, gibt es noch viel zu tun. Ohnehin wird die Zeit immer neue Aufgaben stellen.

Gedankt sei allen Winzerinnen und Winzern, den Besitzern privater Weingüter, dem Staatsweingut Schloß Wackerbarth, der Sächsischen Winzergenossenschaft, jenen, die aus Erwerbszwecken oder als Hobby Weinbau betreiben, daß sie den Weinbau und die Kulturlandschaft durch ihre Tätigkeit erhalten. Gedankt sei auch allen anderen Freunden des sächsischen Weines, die auf vielfältigste Art und Weise ihren Beitrag für den Fortbestand des Sachsenweines leisten, Dank gesagt sei auch den Autoren dieses Buches. Besonderer Dank gilt dem Freistaat Sachsen, durch dessen Förderung das Erscheinen dieses Buches ermöglicht wurde. Alle haben dazu beigetragen, daß das Jubiläum „200 Jahre Weinbauverband in Sachsen" begangen werden kann und die Grundlagen geschaffen sind, damit unsere Kinder und Kindeskinder weiter sächsische Weine trinken und sich an dieser einmaligen Kulturlandschaft erfreuen können.

Verehrte Leser, stoßen Sie symbolisch mit mir auf die Zukunft des sächsischen Weinbaus an. Viel Spaß und Genuß beim Lesen und dazu einen Schoppen sächsischen Weins wünscht Ihnen

Dr. Heino Blawitzki
Vorstandsvorsitzender des Weinbauverbandes Sachsen e.V.

# Geleitwort der Gebietsweinwerbung

Liebe Weinfreunde,

die Gebietsweinwerbung ist sicherlich im deutschen Weinbau nichts Ungewöhnliches und muß somit nicht neu erfunden werden. Tatsache ist jedoch, dass es nunmehr darum geht, das Produkt Wein zu bewerben, welches vor der Wende als Bückware galt.

Im Jahr 1997 wurde die Weinwerbung als eigenständiger Verantwortungsbereich des Weinbauverbandes Sachsen ins Leben gerufen. Unsere Aufgabe ist es, den Weinbau in Sachsen zu fördern und damit zur Erhaltung der Kulturlandschaft und des Kulturgutes Wein beizutragen.

Wir sind stolz auf unser kleinstes deutsches Anbaugebiet und seine Winzer. Sie sind Garanten für klassisch trockenen Wein auf höchstem Qualitätsniveau.

Der Arbeitskreis "Gebietsweinwerbung" hat es sich auf die Fahne geschrieben, die in die Weinwerbung integrierten Erzeugerbetriebe auf Messen und Veranstaltungen zu präsentieren und die hiesigen Weine insbesondere in Sachsen, jedoch auch darüber hinaus bekannter zu machen. Als kleinstes deutsches Anbaugebiet soll Sachsen für Qualität und Exklusivität stehen.

Unsere Weine spiegeln den Charakter der Böden, auf denen sie wachsen, wider. Zugleich werden sie durch die jeweilige Handschrift der zahlreichen Sachsenwinzer geprägt. Weinbau in Sachsen ist Kult.

Den Bekanntheitsgrad sächsischer Weine zu erhöhen, ist langfristig unser Ziel. Gemeinsam mit dem Kooperationspartner Tourismusverband "Sächsisches Elbland" wird angestrebt, Gäste und Weinliebhaber nach Sachsen zu locken und den Weinkonsum im Anbaugebiet zu steigern. Die Reize unserer Landschaft genießen, in Muse einen Schoppen edlen sächsischen Rebensaftes trinken, einen Plausch mit den Winzern führen, Land und Leute kennen und schätzen lernen, das ist sächsische Gastfreundschaft pur.

Gemeinsam sind wir stolz auf das bisher Erlangte, aber niemand kann diese Aufgabe im Alleingang bewältigen. Gefordert sind alle Beteiligten. Nur gemeinsam erreichen wir Bedeutung. Die starke Einheit der sächsischen Weinerzeuger im WBV ist ein Meilenstein in der Geschichte des Weinbaus in Sachsen nach der Wende. Die Startschwierigkeiten sind überwunden. Wir haben es in der Hand, dem einheimischen Weinbau im nächsten Jahrtausend neue Impulse zu verleihen. Nun gilt es, die Früchte, geschaffen in diesem Jahrzehnt durch die Eigeninitiative unserer Winzer und die Unterstützung des Sächsischen Staatsministeriums für Umwelt und Landwirtschaft, zu ernten.

Dieses Buch ist eine Weinreise durch das Jahrtausend, schildert Ursprünge und Veränderungen, Altes und Neues. Mit der Zeitreise beschäftigten sich die Autoren Werner Böhme und Günter Rühle, recherchierten in Archiven und live vor Ort. Die Leidenschaft der Autoren für die hiesige Landschaft und ihren Wein überträgt sich auf den Leser. Neugier wird geweckt. Entdecken auch Sie das Weinland Sachsen. Besuchen Sie unsere Winzer, die Winzer aus Leidenschaft.

Wir bedanken uns im Namen unserer Mitgliedsbetriebe bei den Autoren Werner Böhme und Günter Rühle sowie beim Sächsischen Staatsministerium für die stets großzügige Unterstützung unserer Vorhaben. Dank gebührt dem Vorstand und Beirat des Weinbauverbandes, welche mit großem persönlichen Engagement unsere Aktivitäten unterstützt haben.

*Sachsen, die neue Wein- und Winzergeneration: Böttcherei und Weinbau R. Götze, Weinbau F. Aust, Weingut Schloß Proschwitz, Prinz zur Lippe, Elbtalkellerei Meißen o. Weingut W. Schuh, Merkers Weinstuben, Sächsisches Staatsweingut Schloß Wackerbarth, Sächsische Winzergenossenschaft Meißen, Weinbau K. Seifert, Weingut HofLößnitz und Winzer Lutz Müller.*

Walter Schuh
Vorsitzender der Gebietsweinwerbung

# ACHTHUNDERT JAHRE WEINBAU IN SACHSEN

## Anfänge und Ursprung

### *Eine der ältesten Kulturpflanzen*

*Der Wein läßt sich von Sonne leiten;*
*ist er gereift in Sonnenzeiten,*
*schenkt er dir Sonnenheiterkeit*
*und - heitere Besonnenheit ...!*

Die Rebe ist eine der ältesten Kulturpflanzen der Menschheit. Auf dem gemeinsamen Weg durch die Jahrtausende hat der Mensch den Wein zu seinem Freund, ja fast zu einem Teil seiner selbst gemacht. Wir haben dem Wein Namen wie uns selbst gegeben - jedem seinen eigenen. Der Wein hat wie wir einen Geburtsort - die Weinberglage - und ein Geburtsjahr. Genau wie die Menschen haben die Weine einen Charakter oder eben auch manche keinen.

Schenkt man der Bibel Glauben, so hat bereits Noah, als sich die Wasser der Sintflut verliefen, und er mit seiner Arche auf dem Berge Ararat gelandet war, eben dort an den Hängen der kaukasischen Berge die ersten Reben gepflanzt. Wie dem auch gewesen sein mag, jedenfalls bestätigt heute auch die Wissenschaft, daß die Wiege der Weinrebe im fernen Kaukasus, wahrscheinlich in dem sagenumwobenen Lande der Kolchis - dem Land des Goldenen Flies - gestanden hat. Wie aber kam der Weinstock vom fernen Kaukasus zu uns hierher an die Elbe? Der Weg des Weines führte über die Grenzen der Jahrtausende, wie der Kontinente, von der Kolchis nach Syrien und Irak in das Zweistromland Mesopotamien und nach Ägypten. Die Griechen kannten und schätzten den Wein derart, daß sie sich eigens dafür den Weingott Dionysos schufen. Später übernahmen die Römer diesen Weinkult. Ihr Weingott hieß Bacchus. Die Römer waren es auch, welche die Rebkultur nach Nordeuropa brachten, zuerst an die Mosel und später an den Rhein und seine Nebenflüsse. Das war vor ungefähr zweitausend Jahren. Weitere reichlich tausend Jahre mußten vergehen, bis dann fränkische Siedler und die Kirchen und Klöster die ersten Reben bei uns im Elbtal pflanzten.

### *Pflanzte Bischof Benno die ersten Reben im Elbtal?*

Um den Weinbau und seinen Ursprung bewegen sich auch meine Gedanken bei einem Abendspaziergang durch den traditionsreichen Proschwitzer Weinberg gegenüber der Stadt Meißen.

Langsam kommt die Dämmerung. Der Tag verabschiedet sich mit leuchtendem Rot. Nebel senken sich ins Elbtal, kriechen zu mir herauf, schmiegen sich an den Burgberg dort drüben. Schemenhaft und gespenstig erscheint die Welt im Dämmerschein. Fabelwesen werden geboren aus Nebel und Phantasie gleich der Erinnerung an die alten Legenden und Sagen, die vom Ursprung des Weinbaus in unserem Lande berichten. Und als ich im Mondschein durch den Heiligen Grund in die Stadt zurückgehe, kommt da aus dem Dunkel des Waldes wie aus der Vergangenheit nicht der auf mich zu, um den sich so viele Sagen hier im Elbtal ranken? Bischof Benno.

*Meißen - wenn das Abendrot geht und die Nebel kommen*

Groß von Wuchs. Wallendes weißes Haar. Angetan mit einer schwarzen Kutte. Vielleicht ein Trugbild überreizter Nerven. Doch ich glaube seine Stimme zu hören, als er sagt: „Unweit von hier habe ich seinerzeit die ungläubigen Sorben um mich versammelt. Es war ein heißer Sommertag. Die Leute klagten über Durst. So stieß ich mit meinem Bischofstab in die Erde. An dieser Stelle entsprang alsbald ein starker Quell, an dessen kühlem Wasser sich alle stärkten und erquickten." Wohl merkt mir der Bischof meine Zweifel an, denn er unterbricht seine Rede. Von oben auf mich herabschauend bemerkt er in vorwurfsvollem Ton: „Aber so etwas versteht ihr ja nicht in eurer nüchternen und seelenlosen Zeit!" Auch nach fast neunhundert Jahren besitzt der Bischof noch jene wundersame Ausstrahlung, die ihn zur Legende werden ließ. Ich fühle mich durchschaut und beschämt zugleich. So beteuere ich: „Nein, so ist es nicht! Wegen dieses Wunders nennen wir doch das Tal den Heiligen Grund, und in alten Flurkarten ist der hiesige Brunnen noch als Bennobrunnen bezeichnet." Mein Begleiter aber scheint über den Namen des Brunnens gar nicht so erfreut: „Den kleinen Brunnen habt ihr nach mir benannt, meine Verdienste um den Weinbau hier im Lande aber macht ihr mir streitig. Die Tatsache, daß ich bereits Anfang des 12. Jahrhunderts die ersten Reben nahe dem Burgberg pflanzen ließ, will man in das Reich der Legende verweisen, nur weil es dafür keinen schriftlichen Beleg gibt."

Heutzutage gibt es wohl viele Dinge, über die man sich wundern muß, eigentliche Wunder aber gibt es nicht. So ist mir natürlich auch Bischof Benno nicht persönlich begegnet. Aber bekehrt worden bin ich tatsächlich von ihm bzw. von seinem Wein, den er hier im Elbtal gepflanzt - bekehrt zu dem trockenen Sächsischen Wein mit seiner unverwechselbaren fruchtigen Säure. Und ich halte es auch für möglich, daß tatsächlich bereits der wundersame Bischof Benno die ersten Reben hier im Elbtal pflanzte. Fanden nicht viele Dinge, die ursprünglich ins Reich

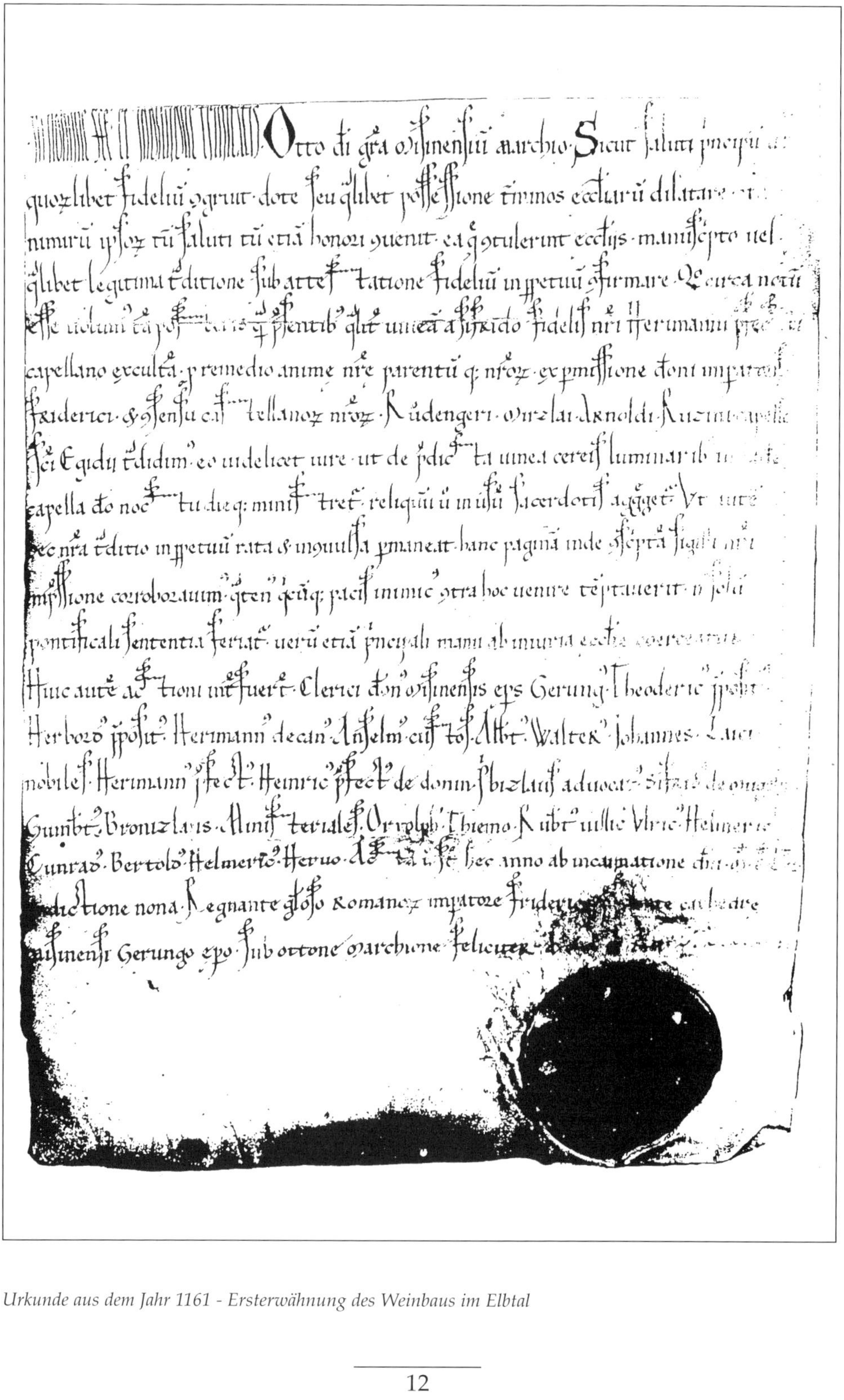

*Urkunde aus dem Jahr 1161 - Ersterwähnung des Weinbaus im Elbtal*

der Sage verwiesen wurden, später ihre geschichtliche Bestätigung? Trotzdem will ich erst einmal bei den Fakten bleiben.

Die erste urkundliche Erwähnung des Weinbaus im Elbtal stammt aus dem Jahr 1161. In dieser Urkunde wird bestätigt, daß Markgraf Otto der Reiche einen schon gut im Ertrag stehenden Weinberg nahe der Burg Meißen an die Egidienkapelle übereignete. Es muß also vor diesem Zeitpunkt bereits mit dem Weinbau in Meißen begonnen worden sein. Und so klingt die Legende auch in dieser Hinsicht glaubhaft, welche besagt, daß der wundersame Meißner Bischof Benno bereits um 1100 die ersten Reben nahe dem Burgberg gepflanzt habe. Dieser Weinberg soll sich auf dem Gelände „Müllers Weinberg“ (an der heutigen Straße „Am Steinberg“) befunden haben. Weitere Weinberge soll Bischof Benno der Sage nach kurz vor seinem Tod auch bei Niederwartha, Kötzschenbroda und Zscheila haben anlegen lassen. Auch bei Cossebaude soll er Reben an einem bewaldeten Felsvorsprung - seiner liebsten Ecke (heute Liebenecke) - gepflanzt haben.

## *Elbauf und elbab breitete sich bald der Weinbau aus*

*Der Herrgott schenkt der Sachsen wegen*
*dem Elbtalwein beim Wachsen Segen!*
*Und auch für dich soll Sachsenwein*
*am steilen Hang gewachsen sein ...*

Wie oft wohl haben sich beim Anblick alter geschichtsträchtiger und sagenumwobener Mauern Gedanken zu den Worten gefügt: Wenn diese Steine erzählen könnten! Daran muß ich denken, als ich an den sonnenbeschienenen Hängen des Meisatals unterwegs bin. Hätten doch auch nur die Rebstöcke diese Gabe! Hier im Meisatal ist der alten Urkunde aus dem Jahr 1161 nach wahrscheinlich der älteste nachweisbare Standort für den Weinbau an der Elbe. Doch es bleiben viele Fragen, wie auch die: War hier wirklich die erste Rebpflanzung?

Vor mir ein alter Rebstock - knorrig und krumm. Weit breitet er seine Triebe wie Arme der Sonne entgegen. Gleich ihm tun es seine trutzigen Gefährten, die sich hier am steilen Hang zu Zeilen reihen. Könnten sie uns doch von der Vergangenheit der Rebe hier im Elbtal erzählen und von dem beschwerlichen Weg, der sie hierher führte. Wann hat die Rebe hier tatsächlich ihre neue Heimat gefunden? Ein leichter Windhauch geht wie ein Atmen durch die grüne Wand vor mir. Es ist wie ein leises unverstandenes Flüstern, doch keine Antwort auf die Fragen, deren es so viele zum Ursprung des Weinbaus in Sachsen gibt. Doch zwei Dinge scheinen klar. Zum einen besaßen die an der Elbe siedelnden Slawen noch keinen Weinbau. Zum anderen ist der Weinbau auch nicht aus dem benachbarten Böhmen zu uns gekommen. Welchen Weg nahm dann aber die Rebe? Aufschlußreich sind in dieser Hinsicht die Dokumente des 1162 gegründeten Zisterzienserklosters von Altzella. 1183 schenkte ihm der Meißner Markgraf Otto der Reiche zwei Hufen Land in Isserstedt bei Jena für die Anlage eines Weinberges. Auch erhielt das Kloster später einen Teil der Erträge der markgräflichen Weinberge von Camburg, Kirchberg und Eisenberg. Hätte es damals in ausreichenden Mengen schon

Wein im Elbtal gegeben, wäre der Wein für den Tischtrunk und das heilige Abendmahl sicher nicht von der Saale geholt worden. Allmählich hat der Rebstock aber dann den Weg weiter nach Osten gefunden. Zwischenaufenthalte sind bei Leipzig und Ostrau nachweisbar. Der hohe Grundwasserstand in der Tiefebene bzw. die schweren Lößlehmböden der Lommatzscher Pflege behagten ihm aber nicht. Erst an den sonnigen Hängen des Elbtals mit ihren lockeren und warmen Verwitterungsböden hat die Rebe dann eine neue Heimat gefunden.

Fast neunzig Jahre war der wundersame und in den Sagen und Legenden so eng mit dem Wein verbundene Bischof Benno bereits tot, da erwarb das Kloster Altzella 1195 das Dorf Zadel und führte dort den Weinbau ein. Dreißig Jahre waren damals seit der urkundlichen Ersterwähnung des Weinbaus in Meißen vergangen. Danach aber mehren sich bald die Nachrichten über die weitere Ausbreitung des Weinbaus. So übergab Markgraf Dietrich dem 1220 gegründeten Kloster „Zum Heiligen Kreuz“ einen im benachbarten Drosselgrund gelegenen Weinberg. 1241 verfügte Bischof Konrad, daß der Zehnte eines im Rauhental gelegenen Weinberges dem Kloster Buch zustehen solle. Desgleichen schenkte Heinrich der Erlauchte 1254 dem Kloster Altzella den Zehnten von einem Weinberg „am äußersten Ende des der Burg gegenüber liegenden Berges.“ 1269 erwarb das Meißner Domkapitel in Oberwartha die „Liebenecke“, nachdem Bischof Albert II. den Meißner Domherren bereits 1266 einen gleichfalls nahe Cossebaude gelegenen Weinberg geschenkt hatte.

1271 kam dann die erste Nachricht über den Weinbau in der Lößnitz: Bischof Withego I. schickt dem Kloster Sitzenroda ein Faß von seinem Weinberg „Zu Koschebrode“. Die Bischofspresse im heutigen Radebeuler Stadtteil Zitzschewig erinnert noch an den einstigen geistlichen Grundbesitz.

Auch elbabwärts in dieser Zeit das gleiche Bild. 1233 übereignete Markgraf Heinrich dem Kloster „Zum Heiligen Kreuz“ den „Rodewanesberch“, den bei Gröbern gelegenen heutigen Roitzschberg. Und 1249 sind von den Höhen des Golkes bis hin nach Seußlitz Weinberge nachzuweisen. 1275 zählt das junge Kloster Seußlitz einen Weinberg im Ort und zwei in Diesbar zu seinem Besitz. Aber es gab damals nicht nur kirchliches Rebland. Auch die Landesherren, der Adel, Bürger und Bauern, alle wollten am Segen der Trauben teilhaben.

So kauften 1401 die Wettiner in der Oberlößnitz von der Familie Küchenmeister den burggräflich-donaischen Weinberg und schufen damit die Grundlage des späteren landesherrlichen Weinbergbesitzes der Hoflößnitz.

1403 wird zum erstenmal der Pillnitzer Weinberg erwähnt, 1420 Jessen an der Schwarzen Elster sowie 1473 Süptitz bei Torgau.

*Schlußstein im gotischen Gewölbe des Meißner Domes*

# Des Weinbaus große Blütezeit

## *Weinbau auch außerhalb der Täler von Elbe und Elster*

Die Weinberglandschaft zeigt im besonderen Maße das Wirken der Menschen im Einklang mit der Natur und in enger Verflechtung von Vergangenheit und Gegenwart. Und so könnte man fast glauben, die heitere Weinberglandschaft habe schon vom Anfang an so wie heute bestanden. Doch weit gefehlt. Wie müssen wir uns dann eine Rebanlage wohl im Mittelalter vorstellen? Zu diesem Zeitpunkt gab es noch keinen Terrassenweinbau und waren die ausgesprochenen Steillagen noch nicht mit Reben bestockt. Desgleichen waren seinerzeit der sortenreine Satz und die Pflanzung der Rebstöcke in Zeilen noch nicht üblich. Zudem wurde in vielen Weinbergen auch Gemüseanbau betrieben. Oft mußten die Rebstöcke sich ihre Parzelle mit Obstbäumen teilen und die Winzer nutzten den Weinberg auch zu der Futtergewinnung für ihr Vieh.

Trotzdem erreichte der Weinbau im Mittelalter in Deutschland und so auch in Sachsen die Zeit seiner größten Blüte und Ausdehnung. Im 15. Jahrhundert soll eine Fläche von 300 000 Hektar in Deutschland mit Reben bestockt gewesen sein. Das ist das Dreifache der heutigen Anbaufläche. Wein war damals, lange bevor das Bier seinen Siegeszug antrat, das Volksgetränk Nummer eins. In dieser Zeit wurde aber auch in vielen Gegenden Weinbau betrieben, wo uns das heute von den klimatischen Bedingungen her unvorstellbar scheint, wie in Schlesien, in Westfalen, im Sauerland, an der Ruhr und sogar in Pommern. Das der damals gekelterte Wein zum Teil wohl kaum unserem heutigen Geschmack entsprochen haben dürfte, kann man allein schon daraus ableiten, daß er oft nur mit Zusatz von Honig oder Gewürzen genossen wurde, und vielleicht auch nur so genießbar war. Wohl können wir die Qualität der damaligen Weine heute nicht mehr prüfen, aber der Volkswitz macht uns dazu manche Aussage. So knüpfte er an die damalige Qualität der Weine aus verschiedenen Gegenden Schnurren und Anekdoten. Auch viele Scherzgedichte sind uns hierzu überliefert, wie zum Beispiel:

*Und ein Wein wächst in den Bergen*
*und der ist auch gar nicht schlecht,*
*tut er gleich die Strümpfe flicken*
*und den Hals zusammendrücken,*
*für die Bowle ist er recht.*

Wie in Deutschland insgesamt, so war es auch in Sachsen. Insbesondere ab dem 14. Jahrhundert wurden umfangreiche Weinpflanzungen auch außerhalb der Flußtäler von Elbe und Schwarzer Elster angelegt. So war zum Beispiel damals Senftenberg eine blühende Weinstadt, und die Bürger verdienten durch den Weinbau oft mehr, als durch ihr eigentliches Handwerk. Über 4000 Hektar Rebfläche zählte man im 15. Jahrhundert in Sachsen.

## *Der deutsche Teufel - ein Weinschlauch namens Sauf*

*Man kann, wenn wir es überlegen,*
*Wein trinken fünf Ursachen wegen:*
*Einmal um eines Festtags willen,*
*so dann vorhandenen Durst zu stillen,*
*insgleichen künft´gen abzuwehren,*
*ferner dem guten Wein zu Ehren,*
*und endlich um jeder Ursach' willen.*

*Friedrich Rückert*

Im Mittelalter wurde nicht nur viel Wein angebaut, sondern dementsprechend auch viel Wein getrunken. In der Weinhistoriographie bezeichnet man das 15. und 16. Jahrhundert als die „Hauptzechperiode des deutschen Volkes". Jede Gelegenheit war damals zum Trinken recht. Man trank zum einen, wie Friedrich Rückert sagt, um eines Festtags willen. Und über die vom Kalender bzw. vom Glauben verordneten Feiertage hinaus, gab es noch viele festliche Anlässe, die mit Wein begossen wurden, so die Heirat mit dem Hochzeitsbecher und die Taufe mit dem Kindelwein. Um die Zahl der Tage zu minimieren, die keine Feiertage waren, feierte man, um den guten Wein zu ehren, weiterhin die Schutzheiligen für Wein und Reben - namentlich St. Urban, St. Sixtus, St. Bartholomäus, St. Martin, St. Vincenz und viele andere. Oft hatten dabei diese Rebpatrone gar keine direkte Beziehung zum Wein. So ergibt sich doch mit Recht die Frage, warum ist eigentlich Papst Urban I. als Heiliger ohne Weinlegende zum Schutzpatron der Winzer erkoren worden? Ein Blick auf den Kalender gibt uns die Antwort. St. Urban wurde als Schutzpatron angerufen bzw. gefeiert, weil das Datum seines Geburtstages für das Ergebnis der Ernte besondere Bedeutung hat. Der Urbanstag (25. Mai) fällt mitten in die schicksalshafte Zeit der beginnenden Rebblüte. Der heilige St. Urban führt den launischen Sommer herauf mit all seiner Vegetationskraft, aber auch mit seinen Gewittergüssen und Hagelschlägen. Von ihm erhoffte sich der Winzer Fürsprache beim Herrn im Würfelspiel der Witterung, sagt dazu der Weinphilosoph Carlheinz Gräter treffend.

*Grafik nach zeitgenössischen Abbildungen: Weingenuß im Mittelalter*

Ein Fest um Wein zu trinken, fand man also fast immer. Und zudem galt es ja auch, gemäß den bekannten Verszeilen von Friedrich Rückert, nicht nur vorhandenen Durst zu stillen, sondern auch künftigen abzuwehren. So soll im 16. Jahrhundert der durchschnittliche Weinverbrauch bei 120 Litern pro Kopf und Jahr gelegen haben. Der Zecher genoß im Mittelalter das größte Ansehen, der niemanden beim Trinken das Feld räumte. Man trank sich gegenseitig zu, die Verweigerung des Zutrunks galt als Beleidigung. Es wurde regelrechtes Wetttrinken durchgeführt.

Wie in dem eingangs genannten Vers gesagt, trank man „um jeder Ursach' willen": So begrüßte und verabschiedete man die Gäste mit Wein, begoß den Abschluß eines Geschäftes und reichte den Leichentrunk beim Begräbnis. Insbesondere die Studenten klassifizierten noch weitere Gründe für das Trinken, so die Bruderschaften, die Rundgesänge, Sauf- und Liebchenkomments, Wett- und Sauftrinken.

Martin Luther sagte so seinerzeit: „Es muß ein jegliches Land seinen eigenen Teufel haben - unser deutscher Teufel wird ein guter Weinschlauch sein und Sauf heißen ...". Doch so sehr unser großer Reformator in seiner bekannt herzhaften Weise auch gegen das „übermäßige Saufen" wetterte, bekannte er im Freundeskreis:

*„Bier ist Menschenwerk,*
*Wein aber, der kommt von Gott."*

## *Die erste Weinbergsordnung von 1588*

Von 1553 bis 1586 regierte Kurfürst August in Sachsen. Zu seiner Zeit war der kurfürstliche Besitz an Weinbergen so weit ausgebreitet, daß er große Kellereien in Dresden, Annaburg, Zeitz und Torgau bauen ließ. Aber er hatte auch erkannt, daß es nicht mehr darum ging, den Weinbau noch weiter auszudehnen, sondern, daß die Anhebung der Qualität das Gebot der Zeit sei. Hauptanliegen mußte es sein, den sächsischen Weinbau in seiner damaligen volkswirtschaftlichen Bedeutung zu erhalten und die drohende Konkurrenz ausländischer Weine, damals vor allem aus Böhmen und Schlesien (Grünberg, heute polnisch Zielona Gora), abzuwenden. So ließ er in seinen Weinbergen in der Hoflößnitz die ersten rheinischen Reben pflanzen. Sein Nachfolger Christian I. setzte zielstrebig diese Arbeit zur Verbesserung des sächsischen Weinbaus fort. Am 23. April 1588 erließ er die „Churfürstliche Sächsische Weinbergsordnung". Diese Weinbergsordnung war im ostdeutschen Raum zwar nicht die erste ihrer Art, denn bereits 1578 war in Brandenburg, einem damals führenden Weinbauland, eine Weinmeisterordnung erlassen worden. Die sächsische Ordnung war aber in ihrer konkreten Aussage und ihrem detaillierten Inhalt die Bedeutendere.

In der Weinbergsordnung waren insbesondere alle seinerzeit für notwendig gehaltenen Weinbergarbeiten aufgeführt. Eine solche Ordnung, vornehmlich mit dem Bestreben der Anhebung der Qualität, war gerade in der damaligen Zeit nicht nur wegen der ausländischen Konkurrenz von Bedeutung, sondern es galt, insgesamt einem Rückgang des Weinbaus vorzubeugen. Die Getreidepreise stiegen damals wieder an, Weinland wurde anderen wirtschaftlichen Zwecken zugeführt, Bier

# Membrum II.

# Von Weinbergs-Sachen.

## Weinbergs-Ordnung

### Churfürst Christiani I. zu Sachsen, den 23. Aprilis, Anno 1588.

An. 1588. Von GOttes Gnaden, Wir Christian, Hertzog zu Sachsen, des Heil. Röm. Reichs Ertz-Marschalch und Churfürst, rc. Thun kund gegen iedermänniglich, Nachdem wir in etlichen Unseren Aemtern Wein-Gebirge haben, und aber so viel befunden, daß dieselben bishero dermassen nicht gebauet noch gearbeitet worden, wie es wohl die Nothdurfft und Zeiten im Jahr erfordert; Dahero uns dann nicht ein geringer Verlust entstanden, da sonst, aus des Allmächtigen milden Segen, viel ein mehrers erbauet und erlanget werden können, wann die Berge mit allerley Hand-Arbeit zu rechter Zeit, auch mit der Tünge und anderer Nothwendigkeit versorget und wohlgehalten werden; Als seynd wir verursachet worden, auf Wege zu trachten, wie solcher Unrath in unserem Wein-Gebirge abgeschaffet werden möchte, und derowegen nachfolgende Ordnung fassen lassen, derer sich Unsere Amtleute, Verwaltere, Amts-Befehlhabere, Voigt, Wintzere, und andere Hand-Arbeiter gehorsamlich verhalten, und hinfüro die Beschickung derer Wein-Gebirge darnach anstellen sollen, wie dann folgende unterschiedliche Arbeiten alle Jahr in denen Wein-Gebirgen zu verrichten nothwendig, Nehmlichen:

1. Aufziehen.
2. Räumen.
3. Schneiden.
4. Reben lesen.
5. Pfäle schärffen.
6. Pfäle stecken.
7. Bögenen.
8. Sencken.
9. Krauten.
10. Die erste Hacke.
11. Brechen.
12. Erste Hefte.
13. Krauten.
14. Andere Hacke.
15. Andere Hefte.
16. Krauten.
17. Beer-Hacke.
18. Verhauen.
19. Berghüten.
20. Wein-Lese.
21. Pfal-Ziehen.
22. Tüngen.
23. Decken.

Damit nun die Wintzere desto mehr Gewißheit und Nachrichtung haben mögen, wie und welcher gestalt, auch was massen, Jährlich, alle diese vorgesetzte Arbeit zu verrichten, So sollen sie

Aufziehen. Räumen. Schneiden.

Erstlich: Die gedeckten Stöcke, zu rechter Zeit, wann der Frost nachgelassen, um Gregorii ungefährlich, aufziehen und dran seyn, daß die alsbald geräumet und mit Fleiß geschnitten, die Räume an denen jungen Stöcken, wieder zugetreten, damit dieselbe nicht durch Frost, späte Graupen oder Schlossen erkalten, oder raudicht werden. Die Stöcke aber, so nicht gedecket, können wohl für Ausgang des Frosts geschnitten, und hernacher geräumet werden, doch sollen die Wintzere zu iederzeit nach der Räume die Tage-Wurtzel, und was sonst vor übrig Holtz vorhanden, rein abschneiden und fegen.

Reben-Lesen.

Damit auch die Arbeiter desto besser gefördert, sollen alsbald die Reben hernacher aufgelesen, gebunden und ausgetragen werden.

Pfähle schärffen. Pfähle stecken.

Die neuen Pfäle, so Jährlich zugebüsset, sollen zu rechter Zeit, wo müglich im Herbst im Vorrath geschaffet, geschärffet, und zu denen Pfahl-Hauffen getragen werden, damit zu der Zeit, wann der Wein ausgehet, denen Augen mit Anstossen, oder sonst kein Schaden zugefüget.

Bögenen.

Und so bald die Reben ausgetragen, sollen sie die Pfäle stecken und bögenen.

Sencken.

Wann nun befunden, daß die Stöcke ausgelassen, soll alsdann die Sencke vor die Hand genommen, und nachfolgender Gestalt angestellet werden; 1. Soll die Grube oben wohl weit, und zum wenigsten ein Gruben-Ende drey Schuch weit von dem andern geleget, unten aber etwas zulauffen und enger gemachet werden, darnach soll der Wintzer Achtung drauf geben, daß er kein Gruben-Ende dem andern Stock, so darbey stehet, nicht näher, als oben gemeldet, lege, auf daß die Gebirge nicht überstocket, und also die Sonne und Lufft an ihrer Wirckung nicht gehindert. Wann sichs auch zutrüge, daß in der Grube ein alt Geröhne getroffen, und die neuen Senckstöcke nicht über Knies tieff in die Erden gebracht werden könten, wie es dann die Nothdurfft erfordert, so soll unter dem alten Geröhne das Erdreich ausgeräumet, und demselben wohl tieff in die Erden geholffen, und mit Tage-Erden unter und über demselben wohl ausgefüttert, die neuen Enden darauf geleget, auch gleichsfalls mit Tage-Erde wohl beschüttet werden.

Auch soll kein neu Gruben-Ende über zwey oder zum meisten drey Augen über die Erde behalten, auf daß der Stock nicht bald auf hohe Schenckel getrieben, sondern fein niedrig bey der Erde bleibe.

Nachdem auch die Nothdurfft erfordert, daß ein ieder Weinberg Jährlich drey mahl gehacket, und aber befunden, daß dieselbigen zum Theil an vielen Orten unterlassen, zum Theil aber gar unfleißig und übel verrichtet, und offtmahls die Berge über die Helffte rohe blieben, dardurch geursachet, daß dieselben sehr berasen, queckicht und unartig werden, so wollen und befehlen wir hiermit ernstlich, daß dieselben hinfüro mit allem Fleiß geschehen, die Quecken und das Graß fleißig ausgekrautet, und in der Hacke ausgeschüttelt, in Hauffen geworffen und ausgetragen werden. Und soll die 1. Hacke ehe nicht, als wenn der Stock sonderlich an der Erde wohl ausgelassen, geschehen, damit die jungen Käume nicht verschüttet oder abgerissen werden.

Krauten. 1. Hacke.

So ist auch an der Breche nicht wenig gelegen; derowegen hiermit allen Wintzern mit Ernst auferleget wird, daß sie dieselbe auf diese masse jährlich verrichten sollen; Wann befunden, daß der Stock auf allen Augen, so zum Wachsen geneigt, wohl ausgangen, so sollen nach Gelegenheit eines ieden Stocks, darnach derselbige starck und kräfftig, vier oder zum meisten fünff gantze Ende oder Ruthen gelassen, die andern aber, so nicht Wein haben, sollen abgebrochen, und dieienigen, darauf Wein stehet, zwey Blätter hoch über dem Wein verkiepsen, wäre aber der Stock noch matt und schwach, demselben sollen über zwey Ende nicht gelassen, damit der Stock erhalten, und nicht zu zeitlich auf die Schenckel, dadurch dieselben leichtlich vergehen, getrieben, und nach verrichteter Breche, so bald müglich, der Weinstock an Pfäle gehefftet werden.

Brechen. 1. Hefte.

Wann nun diese Arbeit verrichtet, so soll aufs allerförderlichste die andere Hacke vor die Hand genommen, und die Stöcke mit Erdreich wohl bezogen werden, auf daß der Stock so viel desto baß zum Wachsen gefördert, und gleichfalls wie oben gemeldet, das Graß und Quecken wol ausgeschüttelt, und in solcher oder andrer Arbeit nicht der geringste Vortheil uns zu Nachtheil, denen Arbeitern aber zu Vortheil gesuchet werden. Weil auch durch die Häffte, wenn dieselben gefördert, grosser Nutzen geschaffet wird, so sollen die Wintzer alsbald auf dieses die andere Häffte auch zum schleunigsten verrichten.

2. Hacke. Krauten. 2. Häffte.

Und

*Churfürstliche Sächsische Weinbergsordnung*

und Branntwein eroberten sich den Markt und die ersten Kolonialerzeugnisse aus überseeischen Gebieten, wie Kaffee und Kakao, kamen auf.

Der Geltungsbereich der Weinbergsordnung von 1588 war wohl eigentlich auf die Dominalweinberge beschränkt, doch auch die privaten Weinbergbesitzer zogen manchen Vorteil aus dieser so bedeutsamen Regelung. Über Jahrhunderte hat die Weinbergsordnung den Arbeitsablauf in den sächsischen Weinbergen bestimmt. Zudem wurde sie in den anderen deutschen Anbaugebieten Grundlage für ähnliche Gesetze.

## *Der Terrassenweinbau*

*Die Weinbergmauer - Stück für Stück geformt,*
*den schweren Stein gehoben, Ruck für Ruck ...*
*Leicht hebt sich an das Glas - und siehe das:*
*Es formt der Wein den Menschen. Schluck für Schluck!*

Der sächsische Weinbau kannte bis ins 16. Jahrhundert noch keine Terrassen. Die Bestätigung dafür gibt uns auch die Weinbergordnung von 1588. Schauen wir uns die in derselben aufgeführten Arbeiten im einzelnen an, so stellen wir fest, daß Leistungen, wie Setzen und Ausbessern von Weinbergmauern ebenso noch nicht enthalten sind, wie der Transport und das Brechen von Steinen. Erst Christian II. ließ durch den aus Stuttgart stammenden Dr. Martin Aichmann 1604 bei Cossebaude Weinberge nach *württembergischer Art,* das heißt, terrassierte Weinberge mit Trockenmauern, anlegen. Wurden bis dahin nach *meißnischer Art* in besonderem Maße die leicht geneigten Hanglagen, wie die Heidesandterrassen im Elbtal oder zum Beispiel auch die Endmoränenlandschaften bei Torgau, Süptitz und im Jessen-Schweinitzer Gebiet genutzt, so war der Weinbau nun vor allem auch in den Steillagen der Elbhangböschung möglich. Der hier fast senkrechte Einstrahlungswinkel der Sonne, wie die Wärmespeicherung der Terrassenmauern, brachte für die Erreichung optimaler Qualität fast ideale Bedingungen.

Diese Mauern wurden überwiegend aus dem heimischen Granit und Syenit erbaut, von Generationen getürmt wurden sie allmählich zum prägenden Bild des sächsischen Weinbaus.

Schwer ist es, solche Trockenmauern zu setzen. Die Steine müssen genau ausgesucht und meist noch zurecht gehauen werden. Einer muß genau auf den anderen passen. Viel Kraft, Geschick und Fachkenntnisse gehören zu dieser Arbeit. Aber nicht deshalb zog sich die Errichtung der Terrassenanlagen über Generationen hin, sondern auch, weil viel Vorbehalte und gegensätzliche Auffassungen dem Neuen entgegenstanden. Vor allem die Winzer scheuten die zusätzlichen Arbeiten und bangten um ihre Nebenverdienste aus dem Anbau von Zwischenfrüchten und um den Erhalt der Futtergrundlage für ihre „Winzerkuh", denn zu der neuen Anbaumethode gehörte auch die Ordnung der Reben in Zeilen, der Schnitt auf mehrere Bogreben und der sortenreine Satz.

Wohl hatten die Erfolge Dr. Aichmanns mit den neuen Anlagen in Cossebaude zur Fortsetzung dieser Arbeiten angeregt, doch die 1616 begonnenen Versuche der Umgestaltung der kurfürstlichen Weinberge in der Hoflößnitz durch den aus Stuttgart nach Sachsen berufenen Winzer Löffler blieben ohne ein dauerhaftes Ergebnis. Erfolgreich war dagegen der 1623 im Auftrag des Kurfürsten Johann Georg I. durch den Cannstadter Winzer Landeis gestartete zweite Anlauf, da er gleichzeitig Fachleute aus seiner Heimat zur Durchsetzung der neuen Anbaumethode mitbrachte.

Der Terrassenweinbau wurde so also im 17. Jahrhundert in Sachsen eingeführt. Er wurde im Elbtal bald zu einem landschaftsbildenden Element von besonderer Schönheit, wie es heute hier noch erlebbar ist: Schmale Rebflächen durch Terrassenmauern getrennt. Oft nur drei bis vier Rebzeilen, dann die Trockenmauern aus Bruchsteinen gesetzt. Obenauf wieder wenige Rebzeilen und wieder eine Terrassenmauer. Steile, kleinstufige ebenfalls aus Bruchsteinen gesetzte Treppchen verbinden bergwärtsführend die einzelnen Ebenen. Die Weinberge von Mauern umgeben erschließen sich uns oft nur durch Tore. Die Flächen parzelliert, gerahmt auch von Hecken und Steinhalden und von Rainen mit ihrer vielfältigen bunten Flora. Zum Teil noch Relikte der Nacheiszeit - lichtliebende Pflanzen der Steppen, die damals unser Land bedeckten. Mauerpfeffer und Felsenkraut auf den Mauerkronen wurzelnd. Gleich gelben Wogen schwappt die Blütenpracht im Frühjahr über die Kaskaden der Terrassenmauern. Eine Landschaft in vier Jahrhunderten gewachsen - eine Landschaft voller Schönheit, die es gilt auch künftigen Generationen zu erhalten.

*Alte Terrassenanlage in der Weinberglage Proschwitzer Katzensprung*

# Die Sächsische Weinbaugesellschaft - die erste in Europa

## *Der sächsische Weinbau an der Grenze zum 19. Jahrhundert*

*Es trinkt der Narr den Wein*
*und er wird davon heiter -*
*der Weise saugt ihn ein*
*und wird davon gescheiter ...!*

Kreuzwege haben sowohl im eigentlichen, vor allem aber im übertragenen Sinne des Wortes oft etwas Schicksalhaftes an sich. Was, wenn man den anderen Weg gegangen wäre? Man glaubt es zu ahnen, aber genau weiß man es nie.

Jeder wird sich in seinem Leben an solche Punkte erinnern können, wo er sich entscheiden mußte, gehst du diesen oder den anderen Weg. Und so, wie im Leben eines einzelnen Menschen, ist es auch im Leben einer Gemeinschaft. Was wäre zum Beispiel geworden, wenn man nicht die Achtungszeichen gesehen, wenn es nur bei den einzelnen Warnern geblieben wäre, wenn nicht beherzte Männer das Steuer ergriffen und nicht 1799 die Sächsische Weinbaugesellschaft gegründet hätten?

Zu dieser Zeit war man im Weinbau dabei, Erreichtes aufzugeben, Schlendrian hatte Einzug gehalten. Der Niedergang des Weinbaus schien nicht mehr abwendbar. Doch ich will weiter der Reihe nach berichten. Wie war die Situation im sächsischen Weinbau Ausgang des 18. Jahrhunderts, und wie war es dazu gekommen?

Günstige Weinernten und die Fürsorge der Landesfürsten hatten zu einer Blüte des Weinbaus geführt, die, nur vom Dreißigjährigen Krieg unterbrochen, bis in die zweite Hälfte des 18. Jahrhunderts anhielt. Dann gingen die Erträge im Weinbau stark zurück. Mißwuchs, Frost, Kriege, die Einschränkung der Zollgrenzen und das Aufkommen anderer Getränke führten dazu. Vor allem hatte auch das Bier begonnen, seinen Siegeszug anzutreten. Wohl hatten sich diese Tendenzen auch schon ab der zweiten Hälfte des 16. Jahrhunderts angedeutet, aber jetzt kamen sie mehr und mehr zum Durchbruch. Rund zweihundert Jahre nach der so bedeutsamen Weinbergordnung Christian I., die insbesondere dem feudalen und bürgerlichen Weinbau Fortschritte gebracht hatte, mußte man im 18. Jahrhundert wieder ein allmähliches Angleichen an das niedere Niveau des bäuerlichen Weinbaus feststellen. Auf einige, der in der Weinbergordnung festgelegten 23 Arbeitsgänge, hat man zwischenzeitlich ganz verzichtet. Ausgenommen von dieser negativen Entwicklung waren bis zu einem gewissen Grad die landesherrschaftlichen Besitzungen.

Was aber waren die Ursachen für diese überwiegend rückläufige Entwicklung? War es bloßer Schlendrian? Die Ursachen lagen tiefer! Wer wollte es den Lohnwinzern bei ihrer meist schlechten Bezahlung verdenken, daß sie, um ihre Familie ernähren zu können, zwischen den Rebzeilen Gemüse anbauten und das Unkraut im Weinberg so hoch wachsen ließen, daß ihre Kuh noch ausreichend Nahrung hatte. So konnten sie wenigstens etwas ihre kärgliche Existenz verbessern. Dem Ertrag der Berge und der Qualität der Weine war das alles natürlich abträglich. Außerdem wurden die Trauben überwiegend im gemischten Satz gelesen, das heißt, das so unterschiedliche Lesegut wurde alles nach einem einheitlichen Schema gekeltert. Was dabei herauskam, gereichte dem Sachsenwein tatsächlich nicht zu Ehren. Auch nicht, wenn man zur angeblichen Verbesserung verschiedene pflanzliche Würzstoffe zusetzte. In doppelter Hinsicht wirkte sich das alles negativ aus. Zum einen verloren viele Weinbergbesitzer Lust und Liebe zum Weinbau und gaben so anderen Edelfrüchten, wie Pfirsichen, Aprikosen und Erdbeeren den Vorrang. Zum anderen wandten sich die wirklichen Weinkenner von den Würzweinen und nicht sortentypisch ausgebautem einheimischem Wein ab und den fremden Weinen zu.

Hatte auch August der Starke, dessen Liebe neben den Frauen auch dem Wein gehörte, versucht, diesen Teufelskreis zu durchbrechen, so setzte er unter anderem einen Weinmeister als Fachberater für alle Bergbesitzer in Sachsen ein. Außerdem schuf er auch für die Winzer in mancherlei Hinsicht günstigere Arbeitsbedingungen bis hin zur zeitweisen Freistellung von der Armee. Aber selbst er stieß auf Widerstand und konnte auf Dauer wenig ändern.

## *Die Gründung der Sächsischen Weinbaugesellschaft*

Wohl fehlte es an der Schwelle zum 19. Jahrhundert nicht an sachkundigen Männern die dem Weinbau den richtigen Weg wiesen. Einer von ihnen war Heinrich August Ossenfelder. Mit seinem 1771 erschienenen Buch „Vom Weinbaue in den Chursächsischen Landen“ gab er nicht nur, wie der Titel vermuten läßt, eine Bestandsaufnahme, sondern er beschrieb exakt auch notwendige Maßnahmen zur Qualitätsverbesserung, wie den Terrassenweinbau, die sortenreine Pflanzung, die Düngung zur Bodenverbesserung sowie die Pflege und den Schnitt der Stöcke. Bemerkenswert aber vor allem, mit welcher Konsequenz er sich bereits zu seiner Zeit gegen die übergroße Sortenvielfalt wandte und die Aussonderung ungeeigneter Rebsorten forderte.

Groß sind die Verdienste von Herrn Ossenfelder, doch in dieser für den sächsischen Weinbau so kritischen Zeit, bedurfte es außer kluger Theoretiker auch beherzter Männer, welche die Umsetzung der Theorie in die Praxis mit Gleichgesinnten organisierten und durchsetzten. Es waren der Oberlandweinmeister Johannes Martin Fleischmann aus Dresden, sowie der Steuerprokurator Friedrich Goldmann und der Archidiakonus Christian Beatus Kenzelmann der Meißner Stadtkirche, letztere beiden Meißner Bürger, auf deren Anregung am 18. November 1799 in Meißen eine erste Versammlung der Weininteressenten stattfand, welche als Gründung der Sächsischen Weinbaugesellschaft gilt, auch wenn die landesherrliche Bestätigung erst ein Jahr später erfolgte.

Die Rede von Johannes Martin Fleischmann vom 18. November 1799 in Meißen ist uns überliefert. Darin wurde nicht nur das Programm der Folgejahre umrissen, sondern auch wir können heute noch einiges daraus lernen. Aufrüttelnd und mahnend waren seine Worte: „Lassen Sie uns mit Eintracht und Entschlossenheit, unter dem Schutz der höchsten Landesgesetze, durch unser eigenes gutes Beispiel, den herrschend gewordenen Unordnungen im Weinbau und in der

Weinpflege entgegen arbeiten“ sagte Fleischmann damals und setzte den Gedanken dahingehend fort: „Ich kann es nicht leugnen, daß dieser Pfad, steil und mühevoll zu betreten, mit vielen Dornen und Hecken des alten Schlendrians und eingewurzelter Vorurteile durchwachsen sey.“ Weiter formulierte er in seiner Rede, als eine der ersten Aufgaben, die Abfassung einer neuen Weinbergsordnung und ebenso einer neuen, zeitgemäßen „Kellereiverfassung“ und forderte : „Einer der vorzüglichsten Gegenstände unseres Nachdenkens sey, wie auf dem kürzesten Wege gute Winzer gebildet, und verschafft werden können.“

Nachdenkenswert sind auch heute noch seine Formulierungen bezüglich der Eintracht unter den Winzern und dem eigenen guten Vorbild, ebenso wie die Mahnung: „... daß durch unzeitige Sparsamkeit an Weinbergsbedürfnissen, nichts gewonnen werde, sondern vielmehr doppelter Verlust daraus entstehe.“

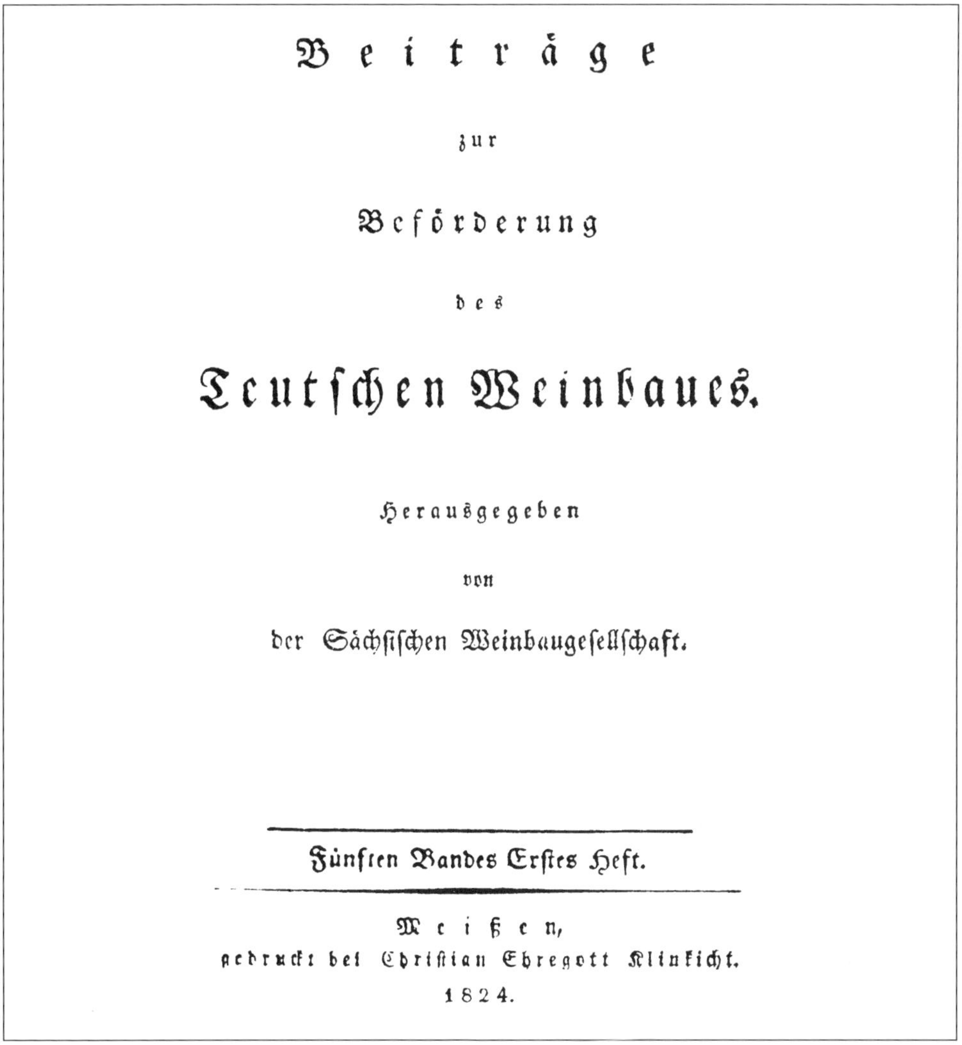

Beiträge

zur

Beförderung

des

Teutschen Weinbaues.

Herausgegeben

von

der Sächsischen Weinbaugesellschaft.

Fünften Bandes Erstes Heft.

Meißen,
gedruckt bei Christian Ehregott Klinkicht.
1824.

*Titelblatt der „Beiträge zur Beförderung des Teutschen Weinbaues“*

## *Das Wirken der Sächsischen Weinbaugesellschaft*

*Lesen soll man manches Buch,*
*oft sieht man ´s nicht ein -*
*oft wird man durch Lesen klug -*
*(doch) manchmal auch durch Wein …!*

Die Sächsische Weinbaugesellschaft war die erste bürgerliche Weinbaugesellschaft in Europa. Nach ihrer Gründung im Jahre 1799 erfolgte ihre landesherrliche Bestätigung mit „Rescript" vom 15. August 1801. Die Sächsische Weinbaugesellschaft wurde zum Vorbild für andere Weinbaugesellschaften in Europa. So wurde 1805 in Portugal, 1807 in Burgund, 1825 in Württemberg, 1829 in Jena, 1833 in Neapel und 1836 in Bayern eine Weinbaugesellschaft gegründet.

Von besonderer Bedeutung waren unter anderem die wissenschaftlichen und publizistischen Arbeiten der Sächsischen Weinbaugesellschaft, welche insbesondere unter dem Titel „Beiträge zur Beförderung des Teutschen Weinbaus" von 1802 bis 1824 erschienen.

Über zwanzig solcher Hefte wurden im genannten Zeitraum herausgegeben und vermittelten im Sinne der bei der Gründung der Gesellschaft aufgestellten Forderung modernste Erkenntnisse im Weinbau und in der Kellerwirtschaft. Allerdings waren diese Beiträge nur den Mitgliedern der Weinbaugesellschaft direkt zugänglich.

Das wohl größte Verdienst der Sächsischen Weinbaugesellschaft aber war die Errichtung der ersten europäischen Winzerschule 1811 auf dem Fürstenberg unmittelbar vor den Toren der Stadt Meißen. Neben der falschen, vorzugsweise auf die Erzeugung großer Mengen orientierten Sortenauswahl, waren seinerzeit die fehlende fachliche Ausbildung der Winzer eine der Hauptursachen für den Niedergang des sächsischen Weinbaus. Die weinbauliche Tätigkeit wurde damals allein durch die Mitarbeit im Weinberg erlernt, die Arbeit wurde nach den Methoden des Vorgängers durchgeführt. Auch falsche Erkenntnisse und Einstellungen wurden von Generation zu Generation weitergegeben. So hatte Fleischmann bereits bei der Gründung der Sächsischen Weinbaugesellschaft die fachgerechte Ausbildung der Winzer als eine der Hauptaufgaben benannt.

Im Herbst 1811 nahm die neu gegründete Winzerschule auf dem Fürstenberg ihre Arbeit auf. Mit der 1812 erfolgten landesherrlichen Bestätigung wurde sie die erste europäische Ausbildungsstätte für Winzer. Das Ziel war es, im Laufe von vier Jahren, fachlich und theoretisch gut geschulte Winzer auszubilden. Der theoretische Unterricht wurde durch die praktische Ausbildung im Weinberg ergänzt. Hierfür hatte die Sächsische Weinbaugesellschaft bereits am 10. April 1810, nach teilweise schwierigen Verhandlungen, den Königlichen Weinberg in Zaschendorf bei Meißen erworben. Der Weinberg hatte eine südliche Lage, war aufgrund nur mittlerer Hangneigung leicht zu bearbeiten und gehörte zu den besten Weinberglagen im Meißner Bereich.

Der Meißner Diakonus Kenzelmann wurde der Leiter dieses neuen Weinberges der Weinbaugesellschaft. Er selbst hatte vor den Toren der Stadt Meißen einen Weinberg (heute „Lantschens Weinberg") und galt als Verfechter einer modernen Rebkultur. Durch ihn wurde in der damaligen Zeit Weinbau nach neuesten Erkenntnissen betrieben. Er führte die niedrige Stockerziehung und den sortenreinen Satz ein. Auch der Schaffung eines optimalen Wegenetzes zur Bewirtschaftung des Berges bei der Einbringung des Düngers und der Durchführung der Traubenlese galt seine besondere Aufmerksamkeit. Er gründete eine Sortimentsrebschule, dafür ließ er als Grundstock 28 verschiedene Sorten Schnitthölzer aus Mergentheim in Württemberg kommen. Weitere Rebsorten aus anderen Anbaugebieten vervollständigten das Sortiment.

Schwerpunkte bei der theoretischen Ausbildung in der Winzerschule und der praktischen Ausbildung im Weinberg waren dabei die Kenntnisse in der Sortenkunde, einschließlich der Zielstellung für die Aussonderung ungeeigneter Rebsorten und die Empfehlung vorrangig anzubauender Rebsorten.

**Blauer Burgunder (in Sachsen unter dem Namen Gutblau bekannt)**
**Weißer Burgunder (Gutblank)**
**Sylvaner (Schönfeiler)**
**Traminer (Kleinbrauner)**
**Ruländer (Rehfahl)**
**Gutedel**
**Riesling (besonders empfohlen aufgrund hoher Anforderungen an Qualität und Anbau)**

*Sorten, die nach den Empfehlungen der Sächsischen Weinbaugesellschaft vorrangig angebaut werden sollten.*

Weiterhin die fachgerechte Düngung, die Erprobung verschiedener Schnitt- und Erziehungsmaßnahmen aus anderen europäischen Weinanbaugebieten und die Einführung des horizontalen Bogens, um eine Ausgewogenheit zwischen Menge und Qualität abzusichern. Vor allem muß in diesem Zusammenhang auch die Neuorganisation des Leseablaufes, das heißt die Einführung der sortenreinen Lese und des optimalen Lesetermines, genannt werden. Konnte doch insbesondere durch diese Maßnahme die Qualität des sächsischen Weines entscheident verbessert werden.

Ein Novum bei der Ausbildung der Winzer war, daß die Lehrlinge, im Gegensatz zu anderen Berufen, kein Lehrgeld zahlen mußten, sondern sie erhielten sogar am Ende der Ausbildungszeit, je nach den gebrachten Leistungen, eine Anerkennungsprämie. Im Jahre 1813 wurde die Winzerschule auf dem Fürstenberg auch in die Wirren und Drangsale des Befreiungskrieges verwickelt. Ein Teil der Winzer wurde Soldaten und kehrte nicht wieder zurück, andere mußten die Schule aufgrund wirtschaftlicher Probleme verlassen. Die Winzerausbildung wurde zeitweise eingestellt. Im Frühjahr des Jahres 1817 nahm jedoch der unermüdliche Kenzelmann einen erneuten Anlauf und bildete abermals Lehrlinge aus. Besonders kam ihm dabei zugute, daß die jungen Lehrlinge zeitweise vom Militärdienst freigestellt wurden. Die königlich-sächsische Weinbergsverwaltung war ebenso wie die Weinbaugesellschaft an gut ausgebildeten Weinbergarbeitern interessiert. Einige Winzer erwarben auch selbst Weinberge und bildeten später gleichfalls neue Winzer aus. 1826 hatte die Weinbauschule auf dem Fürstenberg bereits 34 Winzer ausgebildet. 1820 wurden zudem, und das war seinerzeit ein Novum, sieben ausgebildete Winzer, die eine Anstellung im Königlichen Weinberg erhalten sollten, einer Prüfung durch die Weinbaugesellschaft unterzogen. 1824 folgten drei weitere. Damit schuf Sachsen die Grundlagen für eine sachgemäße Ausbildung und Prüfung der zukünftigen Winzermeister.

Aber auch auf wirtschaftlichen Gebieten wurden durch die Sächsische Weinbaugesellschaft entscheidende Neuerungen durchgesetzt. Die Naturalabgabe, der sogenannte Zehnt wurde in eine feste Steuer (Geldabgabe) umgewandelt. Lese- und Kelterzwang wurden aufgehoben. So konnte durch die eigene Entscheidung des Winzers oder Bergherren, welche die besonderen Bedingungen der jeweiligen Lage berücksichtigte, eine Anhebung der Qualität ermöglicht werden. Das Anlegen eines Weinberges nach modernen Gesichtspunkten wurde durch Steuerfreiheit für vier bis sechs Jahre gefördert. Für viele Arbeiten wurde der Stücklohn eingeführt, welcher die Voraussetzungen für einen direkten materiellen Anreiz schuf.

## *Weinfest und Winzerumzug von 1840*

*Genießt den Wein in üppig reichen Zügen,*
*schafft nur herbei das ed'le Reben-Gold ...*
*Und wenn uns ein paar Flaschen nicht genügen,*
*dann werde noch ein Faß hereingerollt ...!*

Unsere Altvorderen nannten den Oktober den Weinmond. In diesem Monat erfolgte der Abschluß der Weinlese, in dieser Zeit fanden aber ebenso die Lesefeste statt. Auch in Sachsen haben diese eine Tradition. So war es seit dem Ende des 16. Jahrhunderts zum Beispiel üblich, daß der Sächsische Hof zur Weinlese in der Hoflößnitz weilte. Winzerumzüge, wenn auch in kleinerem Rahmen, bildeten damals schon den Glanzpunkt der Lesefeste. Solche Feiern sind uns auch aus der Zeit August des Starken vor allem aus den Jahren 1715, 1719 und 1727 überliefert. Das wohl bedeutendste und bekannteste Weinfest in Sachsen aber fand im Jahre 1840 im heutigen Radebeul statt. Um einen höheren Gemeinsinn für die Kultur des Weinbaus zu erwecken, veranstaltete die Sächsische Weinbaugesellschaft am 25. Oktober 1840 dieses große Winzerfest. Sein Ziel war es, den bereits im Niedergang befindlichen sächsischen Weinbau neu zu beleben und ihn als wichtige volkswirtschaftliche Erwerbsquelle zu dokumentieren. Betrug doch zur damaligen Zeit die Weinbaufläche in Sachsen noch mehr als 1600 Hektar und in 159 Ortschaften wurde Weinbau betrieben. Neben dem eigentlichen Weinbau darf auch sein Einfluß auf andere Gewerke nicht vergessen werden. Böttcher, Schmiede, Korbmacher, Gastwirte, Fuhrleute und Bergleute profitierten vom Weinbau. Auch der sächsisch-königliche Staatsforst lieferte jährlich allein über 1,5 Millionen Rebpfähle zu dieser Zeit.

Im Rahmen des Weinfestes wurde auch eine Traubenausstellung von den bevorzugt angebauten Rebsorten und die Verkostung von Weinen aus teils weit zurückliegenden Jahren, wie 1822, 1827 und 1834 durchgeführt. Galt es doch den Beweis für die Qualität der sächsischen Weine anzutreten. Natürlich fehlten auch die Produkte der 1836 in der Niederlößnitz gegründeten „Fabrik für moussierende Weine", der ältesten Sektkellerei Sachsens, nicht.

Höhepunkt des Winzerfestes war aber zweifelsohne der Festzug. Der Dresdner Maler und Professor an der Kunstakademie Moritz Retzsch, der selbst Besitzer eines kleinen Weingutes in der Oberlößnitz war, hatte ihn entworfen und gestaltet. Elemente antiker Winzerfeste und des damaligen modernen Weinbaus bildeten seinen Inhalt. Die Grafiken zu diesem Winzerzug sind uns erhalten und nach seinem Vorbild werden auch die meisten Winzerumzüge unserer Zeit gestaltet. In Auszügen wurde er für die Weinetikettengestaltung und als Wandschmuck in Weingaststätten verwendet.

Es muß aber bemerkt werden, daß dieses Winzerfest in eine Zeit fiel, als in Deutschland und so auch in Sachsen, das Interesse am Weinbau schon sehr nachgelassen hatte. Mißernten, Konkurrenz von Bier und Fremdweinen, wie auch mangelnde Unterstützung des Staates hatten dazu geführt. So war in Sachsen sogar der Musterweinberg aus finanziellen Gründen aufgegeben worden. 1836 wurde der Vorsitz der Weinbaugesellschaft aber vom Kammerherrn von Carlowitz übernommen. Als Besitzer einer Rebschule und eines Weingutes war er sehr am Fortbestand des Weinbaus in Sachsen interessiert. Unter seiner Leitung erreichte die Weinbaugesellschaft noch einmal eine große Ausstrahlungskraft. Höhepunkt war wie gesagt die Ausrichtung des Winzerfestes von 1840.

Nach 1850 verloren Weinbau und Weinbaugesellschaft dann aber endgültig immer mehr an Bedeutung.

*Winzerzug gezeichnet von M. Retzsch, 1840 (Ausschnitt)*

# Von der Reblaus und was danach kam

## *Der Niedergang des Weinbaus*

*Die Reblaus, die am Weinstock heckt,*
*hat nie einen Tropfen Wein geschmeckt.*
*Es liegt ihr gar nichts an Traube und Wein!*
*Würde sie sonst Reblaus sein?*

*Gerhart Hauptmann*

Es gibt Reben, die Jahrhunderte alt sind und immer noch tragen. Ihre Wurzeln gehen bis in große Tiefe und so gedeihen sie auch dort, wo anspruchsvollere Pflanzen nicht leben können. Alljährlich werden die Rebstöcke beim Schnitt im Frühjahr auf ungefähr ein Zehntel ihres Ausmaßes zurückgeschnitten, aber gerade dadurch wachsen und gedeihen sie und bringen die besten Früchte. So wurde der Rebstock dem Menschen zu einem Symbol für Vitalität - für Leben und Beständigkeit. Doch welch ein Paradoxon der Natur: der Rebstock, der all diese Prüfungen und so manchen strengen Winter und trockenen Sommer überstanden, sollte von einem der kleinsten, mit bloßem Auge kaum wahrnehmbaren Insekt in seinem Bestand gefährdet werden.

Mitte des 19. Jahrhunderts war auch in Sachsen bereits der echte Mehltau (Oidium), der insbesondere durch aus Nordamerika importierte Reben eingeschleppt worden war, aufgetreten. Mit pulverisiertem Schwefel bekämpfte man mehr oder weniger erfolgreich das traubengefährdende Pilzmyzel. Doch das alles war nur ein Vorspiel gegenüber dem, was dann die Reblaus bescherte. Im Bestreben, gegen den Mehltau widerstandsfähige Sorten zu finden, wurden wiederum Reben aus Nordamerika importiert und mit diesen kam nunmehr die Reblaus als ungewollter Begleiter. Um 1860 begann dieser, wie Weinhold schreibt, „Würger des Weinbaus" in Südfrankreich mit seinem zerstörenden Werk.

In Sachsen wurde die Reblaus zum ersten Mal am 19.08.1887 in der Oberlößnitz festgestellt. Bald hatte das kleine Insekt, welches das Wurzelgewebe durchstach und den Zellsaft aussog, 70.000 Rebstöcke vernichtet. Mit Petroleum und Schwefelkohlenstoff versuchte man der Ausbreitung Einhalt zu gebieten. Doch es muß dazu gesagt werden, der vernichtende „Stich" der Reblaus erfolgte zu einem Zeitpunkt, wo, wie bereits gesagt, das Interesse am Weinbau wie dieser selbst schon merklich zurück gegangen waren. Der Weinbau in Sachsen gehörte nicht mehr zu den Haupteinnahmequellen des Staates und seiner Bürger. So hatte das kleine Insekt leichteres Spiel. Oder wie Ulrich treffend formuliert, die Aufgabe des Weinbaus lief der Reblausverseuchung schon partiell voraus (1843 - 1659 Hektar, 1883 -1040 Hektar, 1895 - 652 Hektar und 1900 - 375 Hektar). Mit der Reblausverseuchung ging die Bodenspekulation einher. Große Teile der Weinbergflächen verkaufte man als Bauland bzw. man gab anderen landwirtschaftlichen Kulturen, wie Pfirsichen, Aprikosen und Erdbeeren den Vorrang. Nach der Jahrhundertwende drohte der Weinbau im Elbtal fast ganz zum Erliegen zu kommen. 1934 gab es nur noch 110 Hektar Rebfläche, der Weinbau war als landschaftsbildendes Element fast ganz verschwunden. Daß wir trotzdem heute noch Sachsenwein trinken und uns wieder an der heiteren Weinberglandschaft in unseren Gefilden erfreuen können, verdanken wir wiederum, so wie bereits 1799 bei der Gründung der Sächsischen Weinbaugesellschaft, dem Einsatz der Winzer und einzelnen verdienten Persönlichkeiten, die an den Erhalt des sächsischen Weinbaus glaubten und dafür kämpften. Der Staat hatte in der 2. Hälfte des vorigen Jahrhunderts dem Weinbau bereits seine schützende Hand entzogen. Im Gegenteil, er hatte erklärt, daß die Unterdrückung der Reblaus im sächsischen Seuchengebiet nicht mehr durchführbar sei, was nachweislich nicht zutraf. Tatsächlich aber blieben, außer dem Reblausbefall in den Lößnitzgemeinden, in Cossebaude, Oberwartha und Brabschütz, sowie Oberau, Niederau und Gohlis, alle anderen Weinbauorte und so zum Beispiel auch Meißen Spaar nach dem detaillierten Quellenstudium von Ulrich, reblausfrei. Wie konnte es dann aber zu vorgenannten folgenschweren Feststellungen staatlicherseits kommen? Wollte man Kosten für die Reblausbekämpfung sparen? Ließ man sich von der Bodenspekulation beeinflussen? Oder fehlte es vielleicht damals nur an einer profilierten Persönlichkeit, welche die zum Teil unterschiedlichen Standpunkte und Interessen polarisierte und durchsetzte? Fragen, Vermutungen, Annahmen! Wohl aber war man sich über die tatsächliche Tragweite solcher Entscheidungen nicht im klaren, denn es wurde nicht nur ein ganzer Erwerbszweig in Frage gestellt, sondern auch eine über Jahrhunderte gewachsene Kulturlandschaft in ihrem Bestand gefährdet, mehr noch: ein Stück Kulturgeschichte drohte unwiederbringlich verloren zu gehen. Daher gilt unser Dank denen, die Weinbau und alte Traditionen wiederbelebten!

## *Neuanfang mit veredelten Reben*

Schon in den siebziger und achtziger Jahren des vorigen Jahrhunderts gelang es durch Verwendung reblausresistenter Unterlagsreben (amerikanische Wildreben), auf welche einheimische Sorten durch Holzveredlung aufgepfropft wurden, der Gefahr der Reblausverseuchung erfolgreich entgegenzutreten. Insbesondere in Frankreich, Österreich und Ungarn wurden solche Pfropfreben zu diesem Zeitpunkt bereits in großem Umfang eingesetzt. Um die Jahrhundertwende begannen dann auch in Deutschland die ersten Versuche mit der Rebveredlung. Namentlich an Saale und Unstrut entstanden größere Versuchspflanzungen. In Sachsen lehnte man von offizieller Seite diese Herangehensweise ab, baute weiter auf die bisherigen Bekämpfungsmethoden und hielt eine Rekonstruktion bzw. Neupflanzung der Weinberge für zu aufwendig. Die privaten Weinbergbesitzer Nacke und Böhme begannen dahingegen bereits 1901 in der Lößnitz Versuche mit Pfropfreben auf Grundlage der Grünveredlung. Die ersten größeren nach dem neuen Verfahren in Sachsen aufgerebten Weinberge waren die von Baumeister Bahrmann in Seußlitz 1907, von Böhme auf dem Eckberg in der Lößnitz und ebenfalls in der Lößnitz der Weinberg von Nacke auf dem Johannisberg. Letztere beiden dürften in etwa in dem gleichen Zeitraum wie der Bahrmannsche Weinberg eingeordnet werden. Die hierfür benötigten Pfropfreben wurden allerdings noch aus Rebschulen außerhalb Sachsens bezogen. Das erfolgreiche Gedeihen der Pfropfreben in den genannten Anlagen veranlaßte weitere Winzer ebenfalls zu dieser Anbaumethode überzugehen. Der Bedarf an veredelten Reben stieg dementsprechend weiter an und so gründete man 1912 in Radebeul und Meißen einen Rebschulverein.

Für die Durchführung der Versuche erhielt man in Radebeul eine Parzelle an der Grünestraße und der Hoflößnitzverein verpachtete eine weitere Fläche. Die Stadt Meißen stellte ihrem Rebschulverein ebenfalls Land auf dem Kalkberg zur Verfügung. Edelreiser wurden unter anderem aus Pödelist bei Freyburg an der Unstrut und aus Colmar im Elsaß bezogen. Mit den Lieferungen aus Colmar kam 1913 auch der Goldriesling nach Sachsen.

Es ist wohl nun schon ein Dutzend Jahre her, da hatte ich Gelegenheit, einen Zeitzeugen des damaligen Neubeginns kennen zu lernen. Der hochbetagte Winzermeister Max Scheiblich, der zwischenzeitlich leider nicht mehr unter uns weilt, war mein Gesprächspartner. Damals bereits über achtzig Jahre, war aber seine Erinnerung jung geblieben. In unserem Gespräch beschrieb er die Bilder und Gefühle der Erinnerung. Grüne Rebhänge in lichter Anmut gaben dem Meißner Land in seiner Kinderzeit das Gepräge. Sollte dieses liebliche Bild bald ganz entschwinden, denn mit dem Befall durch die Reblaus verödeten die Weinberge. Es fehlte nicht an Versuchen das Blatt zu wenden. Erkennbar wurde aber ein Fortschritt erst mit der Bildung des „Rebschulvereins Meißen“ im Jahre 1912. Professor Dr. Schellenberger leitete, anfänglich allein und später gemein-sam mit Carl Pfeiffer, diesen Verein.

„Ich war noch ein kleiner Steppke, als der Professor zu meinem Vater kam,“ erinnerte sich Max Scheiblich. An einem Stück Rebholz versuchte er mir dann mit nicht mehr ganz sicherer Hand zu demonstrieren, wie die Edelreiser auf die Unterlagsreben aufgepfropft werden. „Es gehören schon eine ruhige Hand und ein geübtes Auge dazu,“ kommentierte Max Scheiblich und erklärte weiter: „Das aufgesetzte Edelreis ist etwa 4 cm lang und besitzt nur ein Auge, wie es in der Fachsprache heißt. Dann kamen die ungefähr 32 cm langen Unterlagsreben mit den aufgepfropften Edelreisern in sogenannte Vortreibkästen, welche beheizt waren und ständig feucht gehalten wurden“. Nach einer entsprechenden Zwischenfrage meinerseits fügte er hinzu: „Das alles passierte im Frühjahr. Nach ungefähr einer Woche hatte sich in den Vortreibkästen Kallus gebildet, war die Verbindung zwischen Unterlagsrebe und Edelreis hergestellt. Dann kamen die Reben in die Rebschule. In besonders humusreichem Boden bildeten sich Wurzeln. Nach einem Jahr konnten die reblausresistenten Reben an die Winzer abgegeben werden.“

Über ein Jahrzehnt ist seit dieser Begegnung mit dem Winzermeister Max Scheiblich vergangen, aber heute noch denke ich gern daran zurück. Sind natürlich auch die von ihm damals geschilderten Arbeitsgänge zwischenzeitlich weiter ausgefeilt, das Grundprinzip der Rebveredlung ist geblieben.

## *Gründung des „Kleinweinbauvereins" vor 70 Jahren*

Es ist interessant, einmal in alten Zeitungen und Unterlagen zu blättern - in Aufzeichnungen vielleicht noch von Großvater oder Urgroßvater. Solche Zeitzeugen längst vergangener Tage schlummern oft noch in Bodenkammern oder Abstellräumen: Stapel vergilbter Zeitungen, Fotos in Pappkartons, alte Kalender. Sie sind oft eine wahre Fundgrube. Und selbst wenn man professionell Archive und Literatur durchforscht, sind solche Dinge oft sehr hilfreich, so war es auch bei den nachfolgenden Zeilen.

Wir schreiben das Jahr 1924. Der Winter brachte, seit dem 20. Dezember des Vorjahres, bis in den März hinein Schnee. Die alte Winzerregel „Ist der Januar gelind, die Trauben im Oktober trefflich sind", verhieß nicht viel Gutes. Aber in anderer Weise war das Jahr 1924 ein sehr gutes Jahr. Mitte März erwarb der Weinbauverein Meißen, der aus dem Rebschulverein hervorgegangen war, eine 1,1 Hektar große Fläche Weinberg im Grundstück des Generals Richter für 0,60 M je Quadratmeter. Sofort wurde mit Rigolen begonnen und die Fläche anschließend mit 1000 Traminer- und 1200 Goldriesling-Reben bepflanzt. So erfahren wir aus den Aufzeichnungen der Rebschule des Meißner Weinbauvereins. Niedergeschrieben wurden diese Zeilen wahrscheinlich von August Scheiblich, dem damaligen Oberwinzer des Weinbauvereins und Vater des vielen von uns noch bekannten Winzermeisters Max Scheiblich. Die angeführte Rebfläche ist auch in unserer Zeit noch als Teil des heutigen Weinberges „Unterer Domprobstberg" in der Weinbaugemeinschaft Spaar am Jagdsteig bewirtschaftet. Um 1880 war er noch ein Teil der „Pfarrberge" von Cölln, einem Dorf, welches später nach Meißen eingemeindet wurde. In den folgenden Jahren wurde zu dem 1924 angekauften Weinberg auch ein Teil des angrenzenden Schützenmeisterschen Weinberges zur Pacht übernommen. Ziel war es, einen Musterweinberg zu errichten, um den Winzern neue Sorten und neue Pflanzmethoden zu vermitteln.

Fünf Jahre später. Wir schreiben das Jahr 1929. In Meißen bereitet man die Tausendjahrfeier vor, was in besonderem Maße auch ein Rückerinnern auf alte Werte und Traditionen mit sich brachte. Und dazu gehörte in Meißen insbesondere auch der Weinbau. Aus dieser Situation heraus ist vielleicht die Einladungsnotiz des Meißner Tageblattes vom 9. Januar 1929 zu verstehen, welche lautete:

*„Alle Winzer, Kleinweinbauern und Interessenten für die Gründung einer Vereinigung zur Behandlung und Pflege des Weinstockes werden für Sonnabend, den 12. Januar 1929 abends 1/2 8 Uhr ins Winzerhaus, Vorbrücker Straße gebeten."*

Über das Ergebnis dieser Bemühungen wird dann am 14. Januar in der gleichen Zeitung wie folgt berichtet:

*„Eine Vereinigung zur Förderung des Kleinweinbaues ist am Sonnabend im Winzerhaus gegründet wurden. Zum Vorsitzenden ist Herr Oswin Richter gewählt, Vorarbeiter der Städtischen Weinberge, zum Kassierer Herr Scheiblich (Rebschule), als Schriftführer Herr Schubert als Vertreter der Siedler."*

Im weiteren wird dann in diesem Artikel über die zukünftige Tätigkeit des „Kleinweinbauvereines", wie er im allgemeinen genannt wurde, berichtet. Ziel war es vor allem den Weinbau auch auf kleinsten Flächen zu fördern, sei es als Spalierpflanze am Siedlerhaus oder durch Wiederaufrebung kleiner Anlagen, um den Weinstock als Charakterpflanze des Elbtals zu erhalten. Bei dieser Betrachtung kommen unwillkürlich auch die Worte des Pfarrers Knauth ins Gedächtnis, die er 200 Jahre früher schrieb:

*„Das man kein Haus antreffen wird, welches nicht seine Nahrung mit Weinbau oder Weinschank oder auch mit beiden zugleich zu verstärken suchte, sollte es auch beim Ärmsten und Geringsten durch ein bloßes Weingeleite am Hause oder ein Plätzchen daneben sein."*

Kein Wunder, wenn dann in den dreißiger Jahren unseres Jahrhunderts diese Bestrebungen wiederum auf fruchtbaren Boden fielen. Kleinsiedleranlagen entstanden am Rande der Städte und Dörfer. Eigeninitiative bei der Selbstversorgung mit Gemüse, Obst und Wein waren gefragt. Innerhalb kurzer Zeit stieg die Mitgliederzahl des Vereins auf einige Hundert. Ehemals berühmte, aber teilweise schon verwilderte Weinberglagen wurden durch den „Kleinweinbauverein" erworben beziehungsweise gepachtet und durch Parzellenwinzer neu aufgerebt. So zuerst 1933 der Ratsweinberg mit 0,7 Hektar, 1935 der Crassoberg mit 0,25 Hektar und der Oberauer Gellertberg mit 1,25 Hektar sowie ein Teil des Proschwitzer Katzensprunges mit 1,3 Hektar. Alle diese Weinberge sind auch heute noch in Bewirtschaftung von Kleinwinzern. Später ging dann die „Vereinigung zur Förderung des Kleinweinbaues in Meißen und Umgebung" mit anderen Weinbauvereinen in der Winzergenossenschaft auf.

Nach 1945 setzte die Weinbaugemeinschaft Meißen die Arbeit des „Kleinweinbauvereines" fort. Sie ist somit die älteste Weinbaugemeinschaft Sachsens.

## *Carl Pfeiffer und die Neugründung des Sächsischen Weinbauverbandes*

Wohl gab es viele Initiativen den sächsischen Weinbau wieder zu beleben, aber es fehlte teilweise an fachlicher Kompetenz und Anleitung. So wurde 1912 der seit 1901 an der Großherzoglich Hessischen Wein- und Obstbauschule in Oppenheim tätige Weinbaulehrer Carl Pfeiffer an die Landwirtschaftliche Schule nach Meißen berufen.

Pfeiffer brachte langjährige Erfahrungen und Kenntnisse mit. Am 17. August 1872 in Schwirz, Kreis Namslau in Schlesien, geboren, absolvierte er eine landwirtschaftliche Fachausbildung und studierte dann an der Staatslehranstalt in Proskau. Bei verschiedenen Tätigkeiten in Altenburg, Frankfurt, Charlottenburg und Düsseldorf hatte er sich dann weitere fachliche Kenntnisse erworben. 1898 wurde er Assistent am Landwirtschaftlichen Institut in Jena und blieb dort bis zur Aufnahme seiner Tätigkeit in Oppenheim. Nach seiner Übersiedlung nach Sachsen war Carl Pfeiffer maßgeblich an der Reformierung des sächsischen Weinbaus und der Sicherung seines Fortbestandes beteiligt.

Als Referenz an diese für den sächsischen Weinbau so verdienstvolle Persönlichkeit bin ich eines Tages mit Frank Förster, dem Mitautor verschiedener Publikationen über Carl Pfeiffer, auf dessen Spuren in der Lößnitz unterwegs.

Wir beginnen unsere Wanderung am Haus Hoflößnitz. Geschichtliche Reminiszenzen und eigenes Erleben mischen sich wie Farben zu dem Bild des traditionsreichen Weinberghauses. Schwarze Fachwerkbalken im Kontrast zum Weiß der Fassade.

Wir gehen hinauf zur Hoflößnitzstraße. Rechter Hand erhebt sich ein zweigeschossiger Bau. Ohne Mühe kann man an der Hauswand noch die Inschrift

**Weinbau-Versuchs- und Lehranstalt**
**Haupt-Rebenzüchtungsstation**
der Landwirtschaftskammer
Freistaat Sachsen
Schloß Hoflößnitz-Oberlößnitz
Post Radebeul

Fernspr.: Nr. 2901

Schloß Hoflößnitz, den 19.April 1926

Landwirtschaftskammer
f. d. Freist. Sachsen
20. APR. 1926
Nr. 507 IV

An die
Landwirtschaftskammer,

In der Anlage überreichen wir die Kostenaufstellung für den Staatsweinberg und die Hoflößnitz. Die Ausgaben für Maschinen sind besonders aufgestellt, weil sie für den Hoflößnitzbetrieb allein eine zu starke Belastung geben und der Staatsweinberg schliesslich doch der Hauptträger, da er der Hauptweinerzeuger ist, für diese Ausgaben sein muß. Unter den Kellereiartikeln sind auch die Mittel für die Fässer enthalten. Im Bürobedarf wäre zu kürzen der Betrag, der vom Landesverband für Schreibmaschine, Tisch und Schrank angefordert werden müßte.

Im Hoflößnitz- und im Pachtweinberg Lange läuft die Rechnung vom 1.April 1925 – 31.März 1926, im Staatsweinberg vom 1.Juli 1925 bis 31.März 1926.

In dem Kapitel Kellereibetrieb sind auch die Fuhrlöhne und die Kosten für die Behandlung der Weine im Tiedemann'schen Keller mit aufgenommen, dazu gehört der Abstich der Weine, die Flaschen zum Auffüllen des Rotweines und die allwöchentlich notwendigen Auffüllarbeiten.

In der Summe ist nicht enthalten der Pachtbetrag an die Gemeinde und die Bezahlung der übernommenen Maschinen und Geräte von der Weinbaugesellschaft, über die die Rechnungsführung der Weinbaugesellschaft nach der nächsten Vorstandssitzung Rechnung erteilen wird.

Pfeiffer

*Schreiben C. Pfeiffers an die Landwirtschaftskammer*

Staatsweingut erkennen. Dieser Bau war 1928 der Weinversuchs- und Lehranstalt Hoflößnitz als Schulgebäude zur Ausbildung des sächsischen Winzernachwuchses übergeben worden. Wie war es dazu gekommen? Und was hatte Carl Pfeiffer damit zu tun? Fragen, die wir auf dem weiteren gemeinsamen Weg erörtern.

1916 wurde die Rebveredlungsstation in der Hoflößnitz wesentlich erweitert. Im gleichen Jahr, wie im gleichen Zusammenhang, übersiedelte Carl Pfeiffer von Meißen hierher. Doch auch nach der Erweiterung war die Rebveredlungsstation nur in einem Saal der Hoflößnitz untergebracht. Schon bald wurde der Bau eines neuen Versuchs- und Schulgebäudes unumgänglich.

„Alte Akten belegen," so Frank Förster, „daß in diesem 1928 fertiggestellten und eingerichteten Bau auch ein Kelterbetrieb mit den seinerzeit modernsten Maschinen und Geräten ebenso wie ein Faß- und Flaschenkeller untergebracht waren." „Kaum vorstellbar", füge ich hinzu, „wenn man daran denkt, daß man bei der Reblausbekämpfung staatlicherseits, aus welchen Gründen auch immer, mit den Mitteln geizte, und wie war dann nur zwei Jahrzehnte später die Finanzierung dieses Baues und dessen Einrichtung aus staatlichen Mitteln möglich? Sicher bedurfte es auch einer Persönlichkeit wie Carl Pfeiffer, diese Forderung im Interesse des sächsischen Weinbaus durchzusetzen", beantworte ich mir die Frage selbst.

Weiter führt unser Weg die Spitzhaustreppe hinauf. Zur Linken der Weinberg „Goldener Wagen" mit einer Vielzahl von kleinen und kleinsten Terrassen. Hier hatte Carl Pfeiffer seine Klonengärten angelegt, in denen er Edelsorten auf verschiedene Unterlagen nebeneinander pflanzte. Viel Wert legte Pfeiffer auf die Auslese von gutem Pflanzmaterial der bekannten Sorten wie Traminer, Ruländer, Gutedel, Weißburgunder und Riesling. Aber auch neue bisher an der Elbe unbekannte Sorten führte er ein, wie zum Beispiel den heute weit verbreiteten Müller-Thurgau. Zudem machte sich Carl Pfeiffer auch um die Einführung einer fachgerechten Düngung und die Auswahl geeigneter Gerätetechnik sehr verdient. So ist es zum Beispiel vornehmlich ihm zu danken, daß Anfang der zwanziger Jahre unseres Jahrhunderts die Motorseilwinde erfolgreich im sächsischen Weinbau eingesetzt wurde. Mit Konsequenz führte er auch die Drahtrahmenerziehung in Sachsen ein, welche die Sonneneinstrahlung in den Rebzeilen verbessert und ebenso die Durchlüftung intensiviert sowie damit den Krankheitsbefall verringert. Unseren heutigen Gegebenheiten entsprechend muß man in diesem Zusammenhang aber vor allem die Senkung des Arbeitsaufwandes für die Laubarbeiten und die Schaffung der Voraussetzungen für den Maschineneinsatz nennen. „Wußten sie, daß es auch Carl Pfeiffer war, der unsere Sachsenflasche aus der Taufe gehoben hat?", fragt mich Frank Förster. Das wußte ich noch nicht.

Die nächste Etappe unserer Wanderung ist die Niederlößnitz. Wir gehen den Kapellenweg hinauf zur Mittleren Bergstraße und zum Wächterberg. An steilen Mauern wandert unser Blick empor. Voller Ehrfurcht für die, welche die Steine türmten. Heute noch schützend eine Oase des Weinbaus am Rande der Stadt. Mit solchen Steinen befestigt waren auch die Wege, die - heute von Asphalt überzogen - einst zu den Weingütern führten. Und aus solchen Steinen wurden auch Fundament und Untergeschoß der Weinberghäuser erbaut - gefügt wie die Mauern aus dem heimischen Granit und Syenit.

Bereits im Jahre 1935 ließ Carl Pfeiffer hier auf dem Wächterberg diesen Weinberg anlegen, auf dem er dann auch nach seiner Pensionierung noch unermüdlich tätig war.

Der Knollenweg führt uns um den Wächterberg herum zum Weinberghaus. Über die Hälfte des von hohen Mauern umfriedeten Weinberges ist mit Müller-Thurgau bepflanzt, der Rebsorte, die Pfeiffer in Sachsen einführte.

Unterwegs auf den Spuren von Carl Pfeiffer - Gedanken über einen bedeutenden Förderer des sächsischen Weinbaus auf dem Weg durch die Lößnitz.

Aus dem 1913 gegründeten „Verein zur Hebung des Weinbaus in der Lößnitz" wurde am 6. Juli 1927 die Sächsische Weinbaugesellschaft neu gegründet - ging, wie es exakt hieß, die „Weinbaugesellschaft Sachsen e.V." hervor. Und am 27. Mai 1936 wurde daraus dann im Hamburger Hof in Meißen der „Weinbauverband Sachsen" gebildet. Die Leitung lag beim Weinbaurat Pfeiffer und den Vorsitzenden der damaligen Weinbauvereine Meißen, Weinböhla, Brockwitz und Großenhain. Mit der Gründung der Sächsischen Winzergenossenschaft im Jahr 1938 wurde Carl Pfeiffer dann auch als deren erster Vorsitzender berufen.

Unsere Wanderung beschließen wir auf dem Johannisfriedhof in Radebeul. Hier wurde Carl Pfeiffer 1946 beigesetzt. Der schlichte Grabstein schaut in die Weinberge der Lößnitz hinein und läßt uns in Gedenken verweilen.

## Konzentration und Erweiterung

### *Die Gründung der Sächsischen Winzergenossenschaft*

*Den Wein, den du zu kennen meinst*
*verlangt dir ab, daß du ihn immer wieder entdeckst,*
*denn das, was du vom Wein zu kennen scheinst*
*wird erst beim Trinken immer wieder neu geweckt.*

In den zwanziger und dreißiger Jahren erfuhren Weinbau und Weinkultur wieder einen allmählichen Aufschwung. Die Voraussetzungen dafür waren mit dem Anbau reblausresistenter Unterlagsreben gegeben. Insbesondere auch der Landwirtschaftsrat Pfeiffer verhalf diesen neuen Erkenntnissen zum Durchbruch. Spezielle Impulse für den Meißner Raum gab auch die Tausendjahrfeier mit ihrer Rückbesinnung auf bewährte Traditionen. Brachliegende Rebflächen wurden wieder aufgerebt. Die meisten Winzer aber hatten keine Möglichkeit, ihre Trauben selbst zu keltern. Andererseits waren die Weinhändler an dem Aufkauf kleiner Partien auch wenig interessiert und die Preise für die einheimischen Weine wurden niedrig gehalten. Sollten alle Anstrengungen umsonst gewesen sein? Gab es keinen Ausweg aus diesem Teufelskreis?

Diese Frage zu erkunden steigen wir in die Vergangenheit, wie Stufen in die Tiefe hinab. Wir haben uns hier mit jemandem verabredet, der dieses wohl am besten beantworten kann. Kellerkühle. Dämmriges Dunkel. Schritte hallen und alte Eichenfässer stehen Spalier. Wir sind im Keller des ehemaligen kurfürstlichen Weingutes am Bennoweg in Meißen. Seit Mitte der vierziger Jahre hat hier die Sächsische Winzergenossenschaft ihren Sitz. Doch die Genossenschaft ist älter, feierte nur wenige Tage vor dem Besuch ihr sechzigjähriges Bestehen. Darauf zum Wohl! Gläser klingen ... . Ein Blick zurück. Der Geschäftsführer Jürgen Fehling erinnert, nennt Zusammenhänge und Ergebnisse: „Aufschwung des Weinbaus auf der einen Seite. Mangelnde, beziehungsweise preislich unbefriedigende Absatzmöglichkeiten andererseits, das waren wohl die Ursachen für einen genossenschaftlichen Zusammenschluß. Aber erst die erfolgreiche Teilnahme an einem Weinvergleich 1937 in Heilbronn beflügelte die sächsischen Winzer in ihrem Vorhaben, eine Genossenschaft zu gründen". Nach einem nochmaligen genußvollen Schlückchen und einer kleinen Pause fügt er erklärend hinzu: „Ein 1934er Ruländer vom 'Goldenen Wagen' übertraf damals in seiner Bewertung sogar einen Ruländer vom Kaiserstuhl. Das machte Mut! Am 9. Mai 1938 erfolgte dann durch den Zusammenschluß des 'Kleinweinbauverein Meißen' und des 'Weinbauverein Meißen' im Haus Hoflößnitz die Gründung der 'Sächsischen Weinbaugenossenschaft'. Erster Vorsitzender wurde der Winzer Guido Sachse aus Rottewitz, erster Geschäftsführer Landwirtschaftsrat Carl Pfeiffer."

Sechzig Jahre ist das nun her. Alte Weinberge wurden wieder aufgerebt. Neue Winzergenerationen sind gekommen und gegangen. Aber die Achtung vor den Alten ist geblieben. Geschäftsführer Jürgen Fehling und Kellermeister Frank Dödtmann sind heute meine Gesprächspartner und berichten von damals und wie der Weg dann weiter führte.

Der erste Sitz der Genossenschaft befand sich in Radebeul Zitzschewig in einem ehemaligen Weinhandlungsgrundstück. Im Frühjahr 1940 war der Weinkeller durch das Elbehochwasser geflutet. Die Fässer standen bis zur Hälfte unter Wasser. Danach wurde der Sitz der Genossenschaft in die Räume der Weinhandelsfirma ehemals Wittig & Fritsche am Markt Nummer drei in Meißen verlegt. Nachdem Landwirtschaftsrat Pfeiffer, der die Geschäfte der Genossenschaft über Jahre mit viel Fachkenntnis und Geschick geleitet hatte, in den Ruhestand ging, wurde als sein Nachfolger der Weinhändler Ehses benannt. Nach kurzer Zeit geriet die Genossenschaft in finanzielle Schwierigkeiten. Auf Vorschlag des Genossenschaftsverbandes wurde Erich Waack 1943 als neuer Geschäftsführer eingesetzt. Vierzig Jahre lang leitete er die Geschäfte der Genossenschaft mit großem Erfolg. Er hat entscheidenden Anteil daran, daß sich die Sächsische Weinbaugenossenschaft, wie die Winzergenossenschaft damals noch hieß, nach dem Neubeginn 1945 rasch entwickelte und zu einem Fundament des Weinbaus im Elbtal wurde. Im Jahr 1943 vereinigten sich die vier Weinbauvereine der Orte Weinböhla, Seußlitz, Radebeul und Meißen mit der Sächsischen Winzergenossenschaft. Dadurch waren die Keller der Genossenschaft zu klein, so daß deren Sitz abermals verlegt werden mußte. Nach 1945 erfolgte der Umzug auf den Bennoweg 9 in das ehemalige Weingut Zieger, das bereits seit Anfang des 17. Jahrhunderts existierte und mit den umliegenden Weinbergen als kurfürstliches Weingut in Meißen bekannt war. 1955 erfolgte die Umbenennung der sächsischen Weinbaugenossenschaft in Sächsische Winzergenossenschaft. Nach weiteren Um- und Neubauten von Produktions- und Kelterräumen entsprach der neue Sitz jetzt den gewachsenen Anforderungen. Damit waren die Voraussetzungen für die weitere dynamische Entwicklung der Genossenschaft gegeben.

*Sitz der Sächsischen Winzergenossenschaft am Bennoweg*

## *Zusammenlegung der Weinbaubetriebe*

Zwischen den beiden Weltkriegen hatte sich die Besitzstruktur im sächsischen Weinbau verändert. Städtischer und staatlicher Weinbau hatten eine dominierende Rolle eingenommen und blieben dann bis 1945 weitestgehend erhalten, so das Stadtweingut Radebeul, die Staatliche Weinbauversuchs- und Lehranstalt Hoflößnitz, das Staatsweingut Radebeul und Cossebaude, das Stadtweingut Meißen, das Kreisweingut Meißen und das Weingut Seußlitz.

Die Winzergenossenschaft bewirtschaftete nach 1945 rund sechs Hektar Weinberge, teils Pachtland, teils Eigentumsland. Die Mitgliederzahl betrug 565, davon betrieben ca. 150 Weinbau als Kleinwinzer auf Flächen, die vom Kleinweinbauverein Meißen in die Genossenschaft eingebracht worden waren. Privater Weinbau war vor allem im Gebiet Proschwitz, Zadel, Nieschütz und Merbitz in Form von Bauernweingärten vorhanden. Die gesamte Rebfläche betrug damals im Elbtal nur noch ca. 70 Hektar.

Bereits im Jahre 1945 begann die schrittweise Zusammenlegung der einzelnen staatlichen Betriebe. Die Staatliche Weinbauversuchs- und Lehranstalt wurde dem Staatsweingut Radebeul angegliedert, 1950 erfolgte der Zusammenschluß mit dem Stadtweingut Radebeul, es entstand das „Volksweingut Lößnitz" mit dem Verwaltungssitz auf dem Paulsberg. Ebenfalls 1950 fand die Zusammenlegung des „Stadtweingutes Meißen" mit dem „Stadtweingut Radebeul" statt. Auch der „Kreisweinberg Meißen" wurde ihm im gleichen Jahr unterstellt. Die in Seußlitz vorhandenen Rebflächen, bis 1945 Privatbesitz des Rittergutes bzw. des Schlosses Proschwitz, wurden im Rahmen der Bodenreform enteignet und gingen in den Besitz der Gemeinde über. Der Zusammenschluß mit dem „Volksweingut Lößnitz" erfolgte 1952.

Insgesamt muß aber festgestellt werden, daß unmittelbar nach dem Krieg in der Landwirtschaft bedingterweise der Anbau von Kartoffeln und Getreide und die Tierhaltung im Vordergrund standen. Neuaufrebungen wurden nur geringfügig ausgeführt, so Kleinflächen in Cossebaude und der „Meißner Fürstenberg". Die notwendigen Pfropfreben dazu lieferten die Rebschulen auf dem Paulsberg in Radebeul und dem Kalkberg in Meißen.

Erst nach 1955 wurden auf dem „Rodeberg" in Seußlitz durch das Volksweingut Lößnitz die erste Anlage nach dem Lenz-Moser-System in größerem Maße gepflanzt. Bis 1965 erweiterte sich dort die Rebfläche um 23,5 Hektar. Ende der achtziger Jahre waren es insgesamt 40 Hektar. Aber auch in anderen Teilen des oberen Elbtales kamen neue Rebflächen hinzu. Das damalige Volksweingut Radebeul bewirtschaftete in den achtziger Jahren über hundert Hektar Rebfläche.

Auch die landwirtschaftlichen Produktionsgenossenschaften führten eine Erweiterung ihrer Rebfläche durch. Die Gründe dafür waren vor allem in den Autarkiebestrebungen der DDR zu suchen. Die durch den Traubenverkauf zu erzielenden, relativ hohen Erlöse mögen dafür ein weiterer Grund gewesen sein.

Trotz des Rückschlages, den der Polarwinter 1955/56 für den gesamten Weinbau an der Elbe brachte, begann die „LPG Rosa Luxemburg" Winkwitz im Jahre 1958 mit der Anpflanzung von Müller-Thurgau und Traminer auf dem Katzensprung direkt über den Lagen der Winzergenossenschaft. Überdurchschnittlich gute Ernten Anfang der sechziger Jahre förderten den Optimismus für die weiteren Aufrebungen. Ende der sechziger Jahre waren der „Boxberg" und ab 1971 die Rottewitzer Anlagen mit 32 Hektar vollständig bepflanzt. In den benachbarten landwirtschaftlichen Produktionsgenossenschaften in Diera vergrößerte sich die Rebfläche bis 1975 auf zwölf Hektar. In Ockrilla und Gröbern begann man 1970 mit der Aufrebung und pflanzte insgesamt sieben Hektar an.

Der Winzergenossenschaft waren bereits 1947 die gesamten vorhandenen Weinbergflächen des „Proschwitzer Katzensprunges", in der Größe von 3,3 Hektar im Rahmen der Bodenreform als Eigentum übergeben und den bisherigen Pächtern des „Oberauer Gellertberges" die Parzellen direkt überschrieben. Ende der vierziger und Anfang der fünfziger Jahre wurden weitere Flächen größtenteils als Pachtland von der Winzergenossenschaft übernommen und durch angestellte Winzer bearbeitet, wie der „Mariaberg", der „Steinberg" und der „Reicheltberg". Ab Mitte 1960 begann jedoch aus arbeitswirtschaftlichen Erwägungen heraus die Parzellierung und Vergabe an Feierabendwinzer.

## *Wiederaufreben von Steil- und Terrassenanlagen*

Auf staubigen Wegen geht es in die Weinberge von Spaar. Steil und weit ist der Weg bergauf. Weiter jedoch der Weg von der Rebe zum Wein. In ganz besonderem Maße gilt das auch für das Anlegen eines Weinberges - für das Urbarmachen von Ödland. Buschland muß gerodet werden. Wie lange dauert es überhaupt, bis man dann die erste Rebe in den Boden bringen kann? Und wie weit ist gar der Weg bis zur Verwirklichung Falstaffscher Gedanken an ein Gläschen Wein vom eigenen Weinberg.

Einsichten und Erkenntnisse - Meißner Geschichten der siebziger Jahre, als die Wiederurbarmachung und Bepflanzung von Steil- und Terrassenanlagen durch Klein- und Feierabendwinzer erfolgte. Wiederaufgerebt wurden damals in Meißen solche bekannte Weinberge wie „Boselberg", „Kapitelberg", „Gierberg", „Finkenberg" und „Taubenheimer Berg" im Spaargebirge. In Radebeul waren es „Ravensberg", „Hinterer Goldener Wagen", „Zechstein" und „Krapenberg", sowie der ehemalige „Königliche Weinberg" in Weinböhla und der „Kirschberg" in Seußlitz.

Wie aber war es zu dieser Wiederbelebung des Weinbaus in den schwer bewirtschaftbaren Steillagen Anfang der siebziger Jahre gekommen? Diese Flächen, die man um die Jahrhundertwende aufgrund von Reblausbefall oder aus ökonomischen Gründen hatte brach liegen lassen, waren damals zum einen Besitz volkseigener Weingüter und zum anderen als Bauernland in die landwirtschaftlichen Produktionsgenossenschaften eingebracht worden. In diesen vorrangig produktivitätsorientierten staatlichen und genossenschaftlichen Betrieben war man nicht in der Lage diese Flächen zu bearbeiten. Andererseits waren aber zu diesem Zeitpunkt auch gerade diese Betriebe bestrebt, ihre Rebfläche zu erweitern. Durch einen nur unter den damaligen Bedingungen in der DDR möglichen Flächenaustausch wurden schwer bewirtschaftbare Steil- und Terrassenlagen von der Winzergenossenschaft übernommen und an Kleinwinzer, welche Genossenschaftsmitglieder waren oder werden wollten, weitervergeben. Dafür erfolgte die Abgabe von traktorengängigem Gelände durch die Winzergenossenschaft.

1981 begann dann auch die Wiederaufrebung in den Pillnitzer Weinbergen und 1987 in Wachwitz und Loschwitz.

Die Weinbaugemeinschaft Meißen, die älteste Weinbaugemeinschaft in Sachsen, welche bereits 1929 gegründet wurde, war durch die Wiederaufrebung im Spaargebirge auf über zweihundert Mitglieder angewachsen. Deshalb wurde eine Teilung durchgeführt und die Gemeinschaft „Spaargebirge" neu gegründet. Aus dieser Weinbaugemeinschaft ging 1987 auch der Winzerchor Spaargebirge hervor. Im Jahre 1988 war die Weinbaugemeinschaft „Spaargebirge" nun ihrerseits auf zweihundertfünf Mitglieder angewachsen, so daß eine erneute Teilung erforderlich war. Es wurden die Weinbaugemeinschaften „Bosel" und „Spaar" gegründet.

# Der Weinbauverband Sachsen

## *Wende, Wagnisse und ein neues Weingesetz*

*Hat man die Weine auch verteuert,*
*schenkt sie in kleinere Gläser ein.*
*Der Wein, der Herz und Sinn erneuert,*
*will täglich neu getrunken sein.*

Wo verläuft eigentlich die Grenze zwischen Gegenwart und Geschichte? Führt sie nicht auch durch unser Leben? Die politische Wende in unserem Lande ist erlebte Gegenwart, und doch ist sie in mancher Weise auch bereits zu einem Stück Geschichte und auch Weinbaugeschichte geworden. Immer wieder wird uns das gegenwärtig, wenn bei Besuchen, in Gesprächen oder bei Weinproben die Frage nach dem „Vorher" kommt, nach Kronenverschlüssen und der Weinbereitung ohne lagenweise Kelterung. Wie war das damals eigentlich mit dem Keltermonopol der „Kooperationsgemeinschaft Sächsischer Wein", welche die Winzergenossenschaft damals gemeinsam mit dem VEG Weinbau Radebeul, dem heutigen Staatsweingut, bildete? Eine in diesem Zusammenhang häufig gestellte Frage ist auch: Warum war der Sachsenwein, oder wie man damals vorzugsweise sagte der Meißner Wein, eigentlich so knapp? Und manchmal fällt es uns bei solchen Fragen heute schon schwer, sich genau an verschiedene Details zu erinnern. So ist es wohl richtig, etwas zur Ausgangssituation nach der Wiedervereinigung in vinologischer Hinsicht zu sagen. Der Meißner Wein war damals eine Mangelware. Gab es doch zum Einen keine so reichhaltige Auswahl an ausländischen Weinen wie heute. Weine der anderen deutschen Anbaugebiete waren fast kaum im Angebot. Zum Anderen war der Meißner Wein zu dieser Zeit auch Hausmarke in den Interhotels. Vor allem aber trat die Verknappung seinerzeit dadurch ein, daß die Winzer für ihre Trauben Wein mit dem Etikettenaufdruck „Lohnware, zum Handel nicht zugelassen" zurück erhielten. So ging allein schon dadurch ein großer Teil des Meißner Weines für das Angebot in der Gastronomie und im Fachhandel verloren. Diese Verknappung wertete aber den Wein aus dem Elbtal in besonderer Weise auf. Der Tauschhandel blühte. Der Meißner Wein wurde geradezu eine Art Zahlungsmittel.

Das Jahr 1990 brachte dann für den Weinbau in Sachsen einschneidende strukturelle und gesetzliche Änderungen. Die Einführung des bundesdeutschen Weingesetzes und das partielle Wirksamwerden der Bestimmungen der europäischen Gemeinschaft, die Reprivatisierung der landwirtschaftlichen Betriebe und ihre Anpassung an die Marktwirtschaft stellten außerordentliche wirtschaftliche Herausforderungen dar.

Die bis zu diesem Zeitpunkt unter der zentralen Leitung der Vereinigung der gegenseitigen Bauernhilfe zusammengefaßten Weinbaugemeinschaften nahmen Anfang des Jahres 1990 den Status rechtlich selbständiger Weinbauvereine bzw. -gemeinschaften an. Zehn dieser dreizehn Weinbaugemeinschaften des Elbtals riefen am 15. März 1990 die Sächsische Weinbaugesellschaft unter dem Namen Weinbauverband Sachsen wieder ins Leben. Die Sächsische Winzergenossenschaft und das Staatsweingut Radebeul gehörten ebenfalls zu den Gründungsmitgliedern. Bald traten dann auch die anderen Weinbaugemeinschaften bei.

Bereits am 23. Februar 1991 fand dann der erste Sächsische Weinbautag in Pillnitz statt. Inzwischen gehört er mit seinen Fachvorträgen und thematischen Weinproben zum festen Bestandteil des Jahresprogrammes und findet alljährlich im Februar bzw. März im Staatsweingut Schloß Wackerbarth statt.

Als eine der ersten Aufgaben galt es für den Weinbauverband die Lagenbezeichnungen dem deutschen Weinrecht entsprechend zu aktualisieren. Wohl waren auch in Sachsen bis Ende der sechziger Jahre, wie in den anderen Weinbaugebieten Deutschlands, eine Vielzahl von Einzellagen gebräuchlich. Während man aber in der Bundesrepublik 1971 ein neues Weingesetz mit einer Neuordnung und teilweisen Zusammenfassung bzw. Reduzierung der Lagenbezeichnungen in Kraft setzte, wurde seit dieser Zeit in der DDR der Meißner Wein bzw. Elbtalwein nicht mehr lagenweise gekeltert. Dieser Sachverhalt kam der damaligen zentralisierten Kellerwirtschaft und dem Streben nach Produktivität entgegen. Bei der 1990 nunmehr erforderlichen Lagenneuordnung galt es vor allem gesetzliche, klimatische, strukturelle und ökonomische Bedingungen miteinander zu verbinden. Für die Namensgebung traten Bekanntheitsgrad und traditionelle Gegebenheiten in den Vordergrund. Die neu festgelegten Lagenbezeichnungen wurden in die Weinbergrolle als gesetzliches Verzeichnis aufgenommen und garantieren somit die exakten Herkunftsbezeichnungen.

Mit dem Jahr 1990 wurde auch das Monopol der Kelterung durch die Kooperationsgemeinschaft Sächsischer Wein aufgehoben. Die Sächsische Winzergenossenschaft und das Staatsweingut Schloß Wackerbarth verarbeiteten ihre Trauben wieder selbst. Aber auch andere eingenständige Weinbaubetriebe unterschiedlicher Größe entstanden. Bei den hier im nordöstlichsten der deutschen Anbaugebiete niedrigen und schwankenden Hektarerträgen und der außerordentlichen Spätfrostgefährdung bedeuteten solche Betriebsgründungen ein Wagnis, denn nur über vergleichsweise hohe Preise ist eine Rentabilität zu sichern. Zudem setzte die geringe Größe der Ertragsrebfläche Grenzen.

Mit der Einführung der neuen Lagenbezeichnungen und der Gründung eigenständiger Weinbaubetriebe paßte der bisher übliche Begriff „Meißner Wein" nicht mehr in die Landschaft der Weinberglagen von der Seußlitzer Heinrichsburg bis zum Pillnitzer Königlichen Weinberg. Es wurde wieder der traditionsreiche Begriff „Sächsischer Wein" gewählt. Doch bald wäre es im Jahre 1992 soweit gekommen, daß aufgrund des Einspruches des Weingutes „Villa Sachsen" in Bingen am Rhein, unser Wein hätte umbenannt werden müssen. Wohl scheute man an maßgeblichen Stellen Prozeßkosten und Auseinandersetzungen. Der Beschluß im Bundestag kam zustande: Elbtalwein sollte unser Wein heißen. Erfreulicherweise für alle Winzer und traditionsbewußten Sachsen schaltete sich dann aber der sächsische Ministerpräsident Professor Kurt Biedenkopf ein und rief den Vermittlungsausschuß an. Am 23. September 1992 wurde der Namensstreit endgültig entschieden. So kann sich nun die vielhundertjährige Tradition weiter in dem Begriff Sächsischer Wein manifestieren. Selbstverständlichkeiten benötigen manchmal auch ihre Paragraphen.

Ebenfalls im Jahre 1992 wurde am 29. Mai an ihrem nördlichsten Endpunkt - in Diesbar-Seußlitz - die Sächsische Weinstraße mit der Zielstellung der weiteren

Entfaltung von Tourismus und Gastronomie aus der Taufe gehoben. Sie sollte zudem dem Fremden den unverwechselbaren Reiz der Landschaft hier im Elbtal offenbaren und den Einheimischen in seiner Heimatliebe bestärken.

## *Was würde Carl Pfeiffer dazu sagen?*

Nicht ohne Grund sagt man, wenn man sich ein objektives Urteil bilden will, ich muß erst einmal Abstand gewinnen. Den Abstand, den wir räumlich bei der Betrachtung eines Bildes benötigen, desselben bedarf es bei der Beurteilung eines Sachverhaltes vor allem in zeitlicher Hinsicht. Und so ist es wohl im besonderem Maße schwierig, die Arbeit der Sächsischen Weinbaugesellschaft im ersten Jahrzehnt nach ihrer Wiedergründung als Weinbauverband Sachsen zum heutigen Zeitpunkt - auch wenn man selbst mitten in den Ereignissen steckt, objektiv zu beurteilen. Wenn man heute noch nicht weiß, ob es in jeder Hinsicht der richtige Weg ist, der eingeschlagen wurde dann ist vielleicht die Frage hilfreich: Was hätten wohl die Großen des sächsischen Weinbaues dazu für eine Meinung? Zeitlich und inhaltlich steht den Problemen unserer Zeit wohl Carl Pfeiffer am nächsten. Was würde er wohl zu der Entwicklung des sächsischen Weinbaus sagen? Mit solcherlei Gedanken blättere ich in einem Buch, welches von seiner Arbeit in Sachsen berichtet. Ich betrachte ein Foto von ihm, sehe den wallenden weißen Bart und die gütigen Augen, die hinter starken Brillengläsern hervorschauen. Am Anfang sehe ich nur die Details des Bildes, denke an die Fragen, die mich bewegen. Dann aber fügt sich vor meinem geistigen Auge wie bei einem magischen Bild alles zu einem Ganzen. Plastisch und greifbar nahe, glaube ich den alten Herrn vor mir zu sehen. Und Vorstellungskraft und Phantasie verleihen ihm sogar eine Stimme, mit der er spricht: „Es freut mich, daß sich die mit meiner Unterstützung eingeführte rheinhessische Drahtrahmenerziehung im sächsischen Weinbau durchgesetzt hat. Ebenso auch die Tatsache, daß sich die Rebflächen gegenüber meiner Zeit nach dem Reblausbefall wieder vergrößert haben. Und ich weiß auch, sie hat sich sogar in den letzten zehn, für Sachsens Weinbau sicher sehr schwierigen Jahren, von 318 Hektar auf 398 Hektar erhöht."

Er rückt an seiner großen Hornbrille, streicht über seinen Bart. Und ich denke jetzt kommt das große „Aber", doch er fährt fort: „Ich schätze auch eure Bemühungen für die Umwelt, ökologisch-integrierte Anbaumethoden, wie ihr das nennt und in den letzten Jahren eingeführt habt. Auch kurzzeitliche und partielle Dauerbegrünung sind interessante Schritte. Wie konnte man aber die Einstellung der Rebveredlung in Sachsen zulassen? Die Verwendung von Reben aus den anderen deutschen Weinbaugebieten bringt doch bekanntlich Standortprobleme. Dieses mußte ich schon zu meiner Zeit feststellen und habe damals daraus die Schlußfolgerung gezogen. Hat man denn daraus nicht gelernt? Die ersten extremen Winterfröste haben euch ja nun auch bereits die entsprechende Quittung ausgestellt. Habt ihr nicht wiederum bestätigt gefunden, daß nur die alten sächsischen Reben die Prüfung der Natur ohne Probleme überstanden?"

Ich kann ihm nicht widersprechen, aber es gibt wohl auch Positives. So erwidere ich: „Leider haben Sie in diesem Falle Recht, was ist aber ansonsten Ihre Meinung zu der Arbeit, die jetzt geleistet wird und insbesondere zum Wirken des Weinbauverbandes?"

Wieder das Rücken an der Brille, das Streichen über den Bart und dann die ernüchternde Antwort: „Die Frage mußt Du Dir schon selbst beantworten. Ich bin doch nur das Wunschbild Deiner Phantasie!"

Gaukeleien oder Gedankenspiele, aber richtig ist schon die Schlußfolgerung: Diese Frage, und ob der richtige Weg eingeschlagen wurde, müssen wir uns schon selbst, oder wird uns letztendlich die Zeit beantworten. Legitim ist aber wohl doch dabei zu fragen, was würde wohl Carl Pfeiffer dazu sagen? Die größten Verdienste der vor 200 Jahren gegründeten Weinbaugesellschaft waren zum Beispiel die Errichtung des Musterweinberges und der Winzerschule, die Veröffentlichung der Schriftenreihe „Beiträge zur Beförderung des teutschen Weinbaues", und genauso auch die Durchführung von Veranstaltungen mit einer solchen Ausstellungskraft, wie bei dem großen Weinfest und dem Winzerumzug von 1840.

Stellen wir uns die Frage, sind die Verbandszeitschrift „Der Winzer", die anderen Publikationen, die Rebversuchsstation vergleichbar bedeutsame bzw. weiterführende Aktivitäten? Ich persönlich würde auf alle Fälle auch die Wiederbelebung der Tradition der Weinfeste positiv bewerten. In mir denkt es weiter, und wieder glaube ich die Stimme Carl Pfeiffers zu hören: „Ich betrachte das alles mit der gesammelten Erfahrung von Generationen und vor allem größerer zeitlicher Distanz. Ihr habt tatsächlich manches erreicht. Natürlich gibt es noch viel zu tun, aber entscheidend ist, daß man sich Ziele stellt, um deren Verwirklichung ringt und sich auf das Wesentliche konzentriert."

Richtig, denke ich, aber wohl doch ein bißchen allgemein. Das gedankliche Frage- und Antwortspiel fortsetzend, lote ich das Thema weiter aus: „Und wie soll ich das nun konkret verstehen?"

„Der Weinbauverband, sein Vorstand und die neu geschaffene Gebietsweinwerbung tragen mit Veranstaltungen, wie der Landesweinprämierung, der Wahl der Sächsischen Weinkönigin und der Herausgabe von Prospekten und Publikationen zur Erhöhung des Ansehens des Anbaugebietes Sachsen bei. Neue kreative Ideen sind gefragt, da gefällt mir zum Beispiel, daß die sächsische Weinkönigin ihren eigenen Weinberg und ihren eigenen Wein hat - einen Wein, der für alle Erzeuger steht und nicht einen Einzelnen hervorhebt." Dann hebt Carl Pfeiffer seine Stimme an, man merkt, was er uns jetzt zu sagen hat, ist vielleicht nicht nur schlechthin ein Stück Erfahrung, sondern Vermächtnis und Auftrag: „Die Natur hat euch eine unvergleichlich große Chance gegeben, sie zu nutzen muß eure größte Aufgabe sein. Je mehr man sich der Anbaugrenze des Weines nähert, desto reicher ist er von Natur aus an Aroma- und Bukettstoffen. Das trifft für Sachsen in besonderem Maße zu. Der stete Wechsel von Tageswärme und Kühle der Nacht, die Aufeinanderfolge von Sonnenschein, Regen und Wind, diese ständig wechselnden Reize, das Bestreben des Rebstockes, sich dagegen zu behaupten, das schafft diese besonderen Bedingungen. Je langsamer aber so die Natur die Trauben zur Reife führt, desto köstlicher und aromatischer werden sie sein, desto extrakt- und facettenreicher sind ihre Weine. Wohl hat euch die Natur mit ihren Unbilden wie Winterkälte und Spätfrösten manche Prüfung auferlegt, aber sie hat euch auch diese große Chance hinsichtlich der Qualität eurer Erzeugnisse gegeben. Nutzt sie! Ruht nicht auf Erreichtem aus! Das stete Bemühen um die Qualität ist euer Auftrag!"

# UNTERWEGS DURCH DIE SÄCHSISCHEN WEINBERGLAGEN

## Meißen - Stadt des Weines und des Porzellans

### *Dreihundertfünfundsechzig Gaststätten einst in Meißen*

*Der brave Mann trinkt immerdar,*
*so viele Tage es gibt im Jahr -*
*Dreihundertfünfundsechzig.*
*Und wenn das Jahr ein Schaltjahr ist*
*trinkt er als Biedermann und Christ*
*Dreihundertsechsundsechzig.*

*Victor von Scheffel*

Über tausend Jahre alt ist Meißen. König Heinrich I. ließ 929 das befestigte Militärlager „Misni" auf dem Burgberg errichten, genannt nach dem an der Nordseite vorbeifließenden Bach. So ist bei dem Chronisten Thietmar von Merseburg nachzulesen. Die Gründung der Burg im Jahre 929 gilt als das Geburtsdatum der Stadt Meißen. Das Kastell diente damals der Sicherung des Grenzbezirkes und vor allem des Elbüberganges, einer Furt, die seinerzeit die Elbe unterhalb des Burgberges passierbar machte.

Bleibende Eindrücke vermittelt heute eine Wanderung durch die schmalen, winkligen Gassen, ein Weg über die steilen, von alten Mauern begrenzten und gestützten Treppen hinauf zur Burg. Der Blick vom Burgberg offenbart dann das Besondere des alten Meißen: Unter uns ein Gewirr von Giebeln und Dächern, dicht gedrängt stehen die alten Häuser. Unregelmäßig, gleich den Linien der Hand, zwängen sich schmale Straßen und Gassen durch die alte Stadt - Schicksalslinien, aus denen man nicht die Zukunft, wohl aber kundigen Auges ein Stück Vergangenheit lesen kann. Meißen läßt als eine der wenigen Städte in unserem Land noch teilweise das Flair der mittelalterlichen Stadtanlage erkennen. Ein Reiz, der noch erhöht wird durch die Lage im Elbtal - durch die harmonische Verbindung von Natur und Baukunst. Burg und Dom krönen den Berg über der Stadt und sind Wahrzeichen des tausendjährigen Meißen. Und ein neues Wahrzeichen ist hinzugekommen - die neue Elbbrücke, die unterhalb der Burg den Fluß überspannt. An der Stelle wahrscheinlich, wo der Sage nach der wundersame Meißner Bischof Benno einst die Elbe unter Zuhilfenahme eines Weinpfahles trockenen Fußes gequert haben soll. Jener Bischof Benno, von dem die Legende erzählt, daß er auch die ersten Reben hier in Meißen gepflanzt hätte. Wie dem auch gewesen sein mag, unbestritten ist, in Meißen stand die Wiege des sächsischen Weinbaus. Noch heute ist Meißen als Porzellan- und Weinstadt in aller Welt bekannt.

Dreihundertfünfundsechzig Gaststätten soll es einst in Meißen gegeben haben, sozusagen für jeden Tag eine. Dichtung oder Wahrheit? Es ist die reine Wahrheit, denn schon vielen war es vergönnt, mit einem Blick in solch weinselige Vergangenheit, sich davon zu überzeugen. Sie werden fragen, wie so etwas möglich ist? Ich will es ihnen verraten! Einmal im Jahr, genau am letzten Wochenende im September, findet dieses Spektakel statt - entsteht aus den biederen Straßen der Altstadt die fidelste Weinmeile elbauf und elbab im ganzen Sachsenlande. Weinfest heißt das Zauberwort! Und wie im Märchen Dornröschen vom Prinz, wird die Stadt dann von ihrer weinseligen Vergangenheit wachgeküßt.

Wein gibt es dann in fast allen Geschäften und an allen Ecken der Altstadt, in den malerischen Hinterhöfen und in alten Kellern, die das ganze Jahr dem Wein entwöhnt und sich nur für diesen Tag schön gemacht haben. Wein wird an Ständen auf den Bürgersteigen und Plätzen feilgeboten und natürlich gibt es ihn in den noch vorhandenen historischen Weingaststätten. Aber auch für den, welchem es nicht vergönnt ist, Meißen gerade zur Zeit des Weinfestes zu besuchen, empfiehlt sich ein Weinbummel durch die alte Stadt. Und vielleicht darf ich Sie dazu einladen.

## *Weinbummel durch Meißen*

Es freut mich, daß Sie meiner Einladung folgen wollen. Unser Weinbummel beginnt am Marktplatz. Alte Patrizierhäuser schauen mit Mansardendächern und Spitzgiebeln auf uns herab. Imposantester Bau aber ist hier das Rathaus - eines der eindrucksvollsten Bauwerke der Spätgotik in Meißen. Aber ich fungiere ja heute nicht als Reiseführer, sondern habe Sie zu einem Weinbummel eingeladen. So bitte ich Sie, schauen Sie doch einmal mit mir in den Ratskeller hinein. Probieren Sie vielleicht einen Meißner Müller-Thurgau. Leicht und fruchtig stellt er sich uns vor. Wuchtig dagegen die Säulen und Mauern, die das weitgespannte Gewölbe tragen. Weitgespannt wie unser Gespräch beim Wein über den Wein. Zu solchem Beisammensein - zu solchen Gesprächen in weinseliger Runde trafen sich hier einst auch die Meißner Stadtväter. Längst sind die meisten von ihnen vergessen, aber ihr Ratskeller und ihr Weinberg, der Ratsweinberg auf der anderen Seite der Elbe, die blieben. Gedanken, die kommen und gehen. Und wir gehen auch. Heißt doch unser Motto: „Weinbummel" und nicht „Stubenhocken".

Hier am Marktplatz finden wir auch die historische Weinschänke Vincenz Richter, deren Grundstein bereits 1523 gelegt wurde. Wir treten ein. An den Wänden hängen Lanzen, Schwerter, Stachelkeulen, Hellebarden, alte Steigbügel, Bilder und Geweihe, fast wie in einem Museum - und dies alles zusammengetragen von drei Generationen Vincenz Richter. Auch die Möbel stammen aus alter Zeit. Sie sind gefertigt aus dem Holz der letzten Elbeschiffsmühle von Meißen. Und was einst Wasserrad und Welle, daraus sind jetzt Tisch und Stuhl geworden.

Nachdem wir auch hier Bacchus unsere Reverenz erwiesen haben, setzen wir unseren Weg fort.

Bürgerhäuser aus dem 16. und 18. Jahrhundert stehen auf unserem weiteren Weg entlang der Burgstraße Spalier. Sitznischenportale, Reliefbildnisse, malerische Holzgalerien in den Innenhöfen, alte Haus- und Handwerkszeichen und sprechende Wappen - das alles sehen wir hier. Eine der bildhaften Namensumsetzungen zeigt einen Krebs, darüber das Wappen Sachsens. Jener selbstbewußte Bürger, der sich dieses Wappen zulegte, hieß Kunz Krebs und war kursächsischer Weinmeister. Ein gar bedeutsames Amt zu einer Zeit, als Wein noch zu den Haupteinnahmequellen Sachsens gehörte.

Am Ende der Burgstraße stehen wir vor einem kleinen Platz und der Konditorei Zieger. Hier wird ein Gebäck hergestellt, daß es außer in Meißen nirgendwo gibt: Die Meißner Fummel, ein großes mit Zucker bestreutes Hohlgebäck. Der Legende nach soll August der Starke, der sich täglich mit einem Kurier die Post von der Meißner Albrechtsburg kommen ließ, über die laufenden Verspätungen sehr ungehalten gewesen sein. Als er bemerkte, daß der Reiter unterwegs dem Meißner Wein zusprach, ließ er dieses leicht zerbrechliche Luftgebäck backen. Der Reiter hatte es auf der ausgestreckten Hand zu transportieren. Wollte er die Fummel unversehrt in Dresden abliefern, mußte er auf die Einkehr und den Wein zwischendurch verzichten. In Meißens Vergangenheit scheint der Wein eben wirklich fast allgegenwärtig.

Weiter gehen wir dann die Straße „Am Schloßberg" bergab zum „Winkelkrug". Ludwig Richter verwandte das reizvolle Motiv dieses Hauses bei seinem Holzschnitt „Bürgerstunde". Ursprünglich soll dieser Bau als Armenhaus zur Burg gehört haben. Erst gegen 1740 ist hier eine Gaststätte eingerichtet worden, heute eine der historischen Weinschänken.

Grund genug, auch hier ein Gläschen Wein zu probieren. Anschließend kehren wir zu dem kleinen Platz am Ende der Burgstraße zurück. Weiter geht es den Hohlweg bergauf. Vom Hohlweg aus hangeln sich die Schloßstufen, rechts abbiegend, zur Schloßbrücke empor. Nach Passieren des mittleren Burgtores liegen Burg und Dom vor uns.

Bekanntlich ließen sich die Kurfürsten von Sachsen im Wettstreit mit dem Kurfürsten der Pfalz jeweils ein Riesenfaß auf der Festung Königstein bauen, wobei schließlich das im Auftrag von August dem Starken geschaffene dritte Königsteiner Faß als größtes in die Geschichte einging.

Weniger bekannt aber ist, daß auch in Meißen sich bereits um 1500 ein „großes Faß" befunden hat. Wahrscheinlich lag es hier in den Kellern der Albrechtsburg und war der Sammelort sämtlichen Weines, welcher um Meißen in den herzoglichen Weinbergen wuchs.

Doch heute, auf unserem Weinbummel, sollen nicht Albrechtsburg und Dom unser Ziel sein, sondern der „Domkeller", die kleine Gaststätte auf der rechten Seite des Domplatzes. Als Glöcknerei gebaut, wird dieses Haus seit 1520 auch gastronomisch genutzt und ist damit die älteste Gaststätte Meißens. Hier probieren wir einen Traminer. Dieser würzige gehaltvolle Wein ist der krönende Abschluß unseres Weinbummels. Wir sitzen auf der Terrasse. Unsere Blicke wandern wie unsere Gedanken. Unter uns die alte Stadt und dort auf der anderen Elbseite, hinter dem Rot der Ziegeldächer fast verdeckt, das Spaargebirge, wo wir unseren Weinbummel nach einem Besuch der Porzellan-Manufaktur fortsetzen wollen.

*Meißner Malerwinkel*

## *Weißes Gold und der „Volle grüne Weinkranz"*

*Ein Weinlaub, das nicht welkt; Beständigkeit vermittelt,*
*als „Voller grüner Weinkranz" ward es einst betitelt.*
*Auf meißnisch´ Porzellan von feiner Hand gestaltet -*
*geschaffen wird´s nach alter Weis´- ohn´daß es je veraltet ...*

Lichtschein, wie aus der Hölle Schlund; Hitze, Dämpfe, glühende Flüssigkeit rinnt in die Form. Die Zange greift zu. Wasser zischt. Doch wieder ist es kein Gold, das erstarrend sich formt. Wie viele solcher ergebnislosen Versuche Johann Friedrich Böttgers waren es im Laufe der Jahre, die aus der festen Zuversicht nur noch vages Hoffen und bald Verzweiflung werden ließ?

Der 1682 in Schleiz geborene Böttger hatte sein Leben dem Wunschbild gewidmet, Gold herzustellen. Er wurde in Berlin als Apothekerlehrling mit der Alchemie vertraut und als „Goldmacher" bekannt. Deshalb mußte er vor dem preußischen König fliehen. Nach geglückter Flucht wurde er dann 1701 in Sachsen festgenommen. Vier Jahre verbrachte Böttger in Dresden in der Gefangenschaft August des Starken mit dem Auftrag bzw. dem Versuch, Gold herzustellen. Die geplante Flucht über Prag nach Wien mißlang. Verzweiflung, Zuversicht und die Gunst des Königs wechselten wie seine Aufenthaltsorte. Dresden folgte Meißen. Während der Besetzung Sachsens durch die Schweden im Siebenjährigen Krieg hielt man Böttger auf der Festung Königstein verborgen. Immer aber blieb er ein Gefangener, auch im goldnen Käfig der Jungfernbastei in Dresden.

Im Jahre 1709 gelang Böttger statt Gold die Herstellung von Porzellan aus Kaolin unter Zusatz von Flußmitteln. 1710 wurde dann die kurfürstliche Porzellan-Manufaktur unter Leitung Böttgers in der Meißner Albrechtsburg eingerichtet. Erst 1863 wurde diese Produktionsstätte in die heutige Fabrikanlage in das Meißner Triebischtal verlagert.

Bald nach der Errichtung der kurfürstlichen Porzellan-Manufaktur wurde das „Weiße Gold" in immer besserer Qualität hergestellt. Das Porzellan aber feuerfest mit allen Farben zu schmücken, das konnte der geniale Erfinder nicht mehr erleben, denn 1719 starb er im Alter von nur 37 Jahren.

Was hat uns aber heute hierher in die Porzellan-Manufaktur und auf die Spuren Johann Friedrich Böttgers geführt?

Meißen und sein Wein sind ein Begriff. Noch viel häufiger nennt man aber Meißen und sein Porzellan in einem Atemzug. So ist unser Besuch vor allem eine Ehrerbietung für den „größeren", wenngleich an Jahren wesentlich jüngeren, „Bruder". Hat doch die Porzellan-Manufaktur ihrerseits, nicht nur mit vielen figürlichen Darstellungen, sondern vor allem mit ihrem bekannten Weinlaubdekor dem Meißner Wein in gebührlicher Weise ihre Referenz erwiesen. Der „Volle grüne Weinkranz", wie das Dekor mit eigentlichem Namen heißt, ist ein Evergreen auf Meissener Porzellan. Bereits 1992 feierte man sein 175-jähriges Jubiläum und noch heute bietet man es auf über 450 verschiedenen Artikeln an.

Wir bestaunen seltene und besonders wertvolle Exponate aus drei Jahrhunderten Meissener Porzellangeschichte in der Schauhalle, machen uns in der Vorführwerkstatt mit der Herstellung des Porzellans vertraut und erfahren vom Marketingchef, Herrn Kolitsch, noch einiges zum Thema Wein und Porzellan.

Mit der Gründung der ersten europäischen Porzellan-Manufaktur auf der Albrechtsburg zu Meißen wurde neben dem Wein nun auch die Porzellanherstellung in diesem Gebiet ansässig. Porzellan und Wein sind seither Inbegriffe sächsischer Kultur, des Fleißes und der Kunstfertigkeit der hier lebenden Menschen.

Am sächsischen Hof zollte man zu jener Zeit dem Weingott Bacchus eifrig Tribut und so sind schon unter den frühesten Porzellanen aus der Böttgerzeit Pokale zu finden. Auch als prunkvolle Tafelaufsätze und Porzellanplastiken finden wir in der Folgezeit dann die Darstellung bacchantischer Szenen, die Darstellung von Winzergruppen oder Schäferszenen beim Wein. Der Entwurf für das chromoxidgrüne Unterglasurdekor mit dem Kranz von Weinblättern und -ranken entstand 1817. Sein Schöpfer ist Johann Samuel Arnhold.

*Becher mit dem Dekor „Voller grüner Weinkranz“*

Der „Volle grüne Weinkranz“ war eine Referenz an seine Meißner Heimat und den hiesigen Wein. Für den dauerhaften Erfolg dieser Kreation waren sicher die überzeugende Schlichtheit und Ästhetik entscheidend. Vor allem aber offenbart der Symbolgehalt auch die enge Verbindung zwischen Porzellan und Wein aus Meißen, ist doch das Weinlaubdekor ein Sinnbild der Verehrung der Lebenskraft und Beständigkeit des Rebstocks und das Rebgrün verkörpert Hoffnung und Zuversicht.

## *Zu Besuch bei einer Königin*

*Der Wein*
*kühlt die Kehle*
*und erwärmt*
*das Herz.*

Nur wenige Sonnenstrahlen fallen durch das dichte Blätterdach. Schaust du länger hin, wachsen Strahlenkränze aus den Sonnenflecken. Doch da ist noch etwas. Wie ein Ahnen liegt es über dem Land. Wie unbewußtes Erinnern. Es ist die Vergangenheit, die uns hier überall begegnet, mit den Resten der Wallanlage der alten slawischen Schutz- und Signalburg vor uns, mit den von hundertjährigem Baumbestand bedeckten Terrassenanlagen und mit den alten Sagen und Legenden im Meißner Land. Es ist die Vergangenheit, die hier im Spaargebirge, wo wir unterwegs sind, seit vierhundert Jahren Weinbau heißt.

Vom slawischen „sparowa - Ort der Sonnenglut" soll sich der Name dieses Gebietes ableiten. Noch vor fünfhundert Jahren war hier ein beliebtes Jagdgebiet der sächsischen Kurfürsten, bis man im 16. Jahrhundert die Eignung dieser sonnendurchglühten Hänge für den Weinbau erkannte. Selbst das sächsische Königshaus besaß dann im Spaargebirge, in dieser für das Gedeihen der Reben und Reifen der Trauben so besonders geeigneten Lage, einen Weinberg. Aber auch heute noch gilt dieses Privileg - besitzen gekrönte Häupter hier ihren Weinberg. Genau dorthin sind wir heute unterwegs - unterwegs zu Anja I., sächsische Weinkönigin 1997/98. Wo aber liegen Spaargebirge und Schwalbennest? Für diejenigen unter Ihnen, die nicht aus Meißen oder seiner Umgebung stammen und auch keine speziellen Kenner der Meißner Weinberglagen sind, will ich es so beschreiben:

Wenn man von Dresden kommend elbabwärts fährt, wächst kurz nach Coswig eine liebliche Hügellandschaft aus der weiten Elbaue. Es ist das Spaargebirge, eine nur ungefähr drei Kilometer lange Hügelkette, die eigentlich völlig zu unrecht den Namen Gebirge trägt. Aber findet man auch hier nicht die höchsten Berge, so doch einen der Orte mit der höchsten Jahresdurchschnittstemperatur in Sachsen, weshalb dieses Gebiet auch eine der besten Weinberglagen ist.

*Historisches Etikett vom Schwalbennest (ca. Mitte der 20er Jahre)*

Erst nach und nach hat sich die Elbe hier ihr Bett gegraben und das Spaargebirge vom westlichen Hochland bzw. Steilufer geschieden. Einst floß die Elbe durch die Ebene des Urstromtals nördlich am Spaargebirge vorbei.

Nachdem wir nun alle wissen, wo sich dieses Gebirge namens Spaar befindet, das eigentlich gar kein Gebirge ist, wollen wir unsere Wein-Majestät Anja I. nicht weiter warten lassen.

Wir verlassen den Eichenwald. Vor uns eine Mauer. Durch ein großes Tor erschließen sich uns die Weinberge dahinter. Hier am steilen Hang, im Widerschein der Elbe gedeiht ein vorzüglicher Riesling. Und hier befindet sich auch die „Residenz" unserer Weinkönigin - das Weinberghaus Schwalbennest. Aus Bruchsteinen gleich den Weinbergmauern ist das Untergeschoß gefügt. Ockerfarben verputzt und mit weißen Faschen abgesetzt das Geschoß darüber. Steil geneigt, wie die Weinberghänge, das spitze Zeltdach obenauf mit Wetterfahne und klobigem Schornsteinstummel.

*Anja I. am Weinberghaus Schwalbennest*

Anja Bahner, unsere Weinkönigin hat uns schon erwartet. Zur Begrüßung gibt es einen Riesling. 1997er Meißner Kapitelberg lese ich auf dem Etikett. Darunter dargestellt der Elbe und der Weinstraße Verlauf mit dem Logo der Gebietsweinwerbung. Statt einer Erzeugerangabe aber steht: Wein der sächsischen Weinkönigin. Anja scheint meinen Blicken gefolgt zu sein. „Das war der Wein meiner Vorgängerin. Ein guter Wein!" Sagt sie und erhebt noch einmal das Glas. „Auch der 1998er Wein wird wieder ein guter Jahrgang werden. Von der Menge wahrscheinlich reichlich das Doppelte vom Vorjahr", kommentiert Walter Schuh, der Vorsitzende der Gebietsweinwerbung. Und das Motiv für das neue Etikett wurde von unserer Weinkönigin selbst entworfen", fügt er hinzu.

*Etikett des Weines der Sächsischen Weinkönigin mit Motiv Schwalbennest*

Ein fürwitziger Sonnenstrahl huscht über den Tisch, bricht sich in den eingeschliffenen Rosetten des Weinglases und zaubert aus dem hellen Gelb des Weines auf meinem Notizpapier ein Regenbogenbunt. Wahrlich nicht nur um der charmanten Gastgeberin willen, lobe auch ich den Wein und frage: „Wie kam es eigentlich dazu, daß bei uns in Sachsen, und nur hier, die Weinkönigin ihren eigenen Weinberg und Wein hat?" „In unserem kleinsten der deutschen Anbaugebiete ist es nicht immer möglich, daß die Weinkönigin aus einem Weinbaubetrieb stammt. Die nötige Praxis sollte der Weinberg vermitteln. Aber bald wurde aus der Not eine Tugend, wurde aus dem Wein der Weinkönigin ein besonderer Werbeschlager! Diese Idee von Walter Schuh ist zu einem Programm für einschlägige Messen, Präsentationen und Ausstellungen geworden", sagt Anja Bahner.

Genußvoll und mit Bedacht prüfe ich einen weiteren Nachschluck, wie diese Erklärung. In mir denkt es weiter: „Wein ist unser bester Diplomat", hat einst Bismarck gesagt. Doch dieser Diplomat braucht eben auch Engagement und neue Ideen. Und dazu gehören wohl auch die Prospekte, Broschüren und Bücher, mit denen man für den Sachsenwein wirbt, ebenso wie eine charmante und weinkundige Königin.

## *Unterwegs im Spaargebirge*

Nach dem Besuch bei der Weinkönigin Anja I. setzen wir unseren Weg durch das Spaargebirge fort. Um die Jahrhundertwende soll es hier allein 17 Weinschänken und Weinstuben gegeben haben. An zwei kommen wir vorbei - die „Deutsche Bosel" und der ehemalige „Vettersche Weinschank". Der Chronist Otto Grund beschrieb die Spaarer Weinstuben des vorigen Jahrhunderts anschaulich so: „Die Winzerstuben waren nicht sehr groß, sie faßten oft nur ein bis zwei Tische. Man saß gewöhnlich eng beieinander, aber gemütlich bei einem Glas Wein. Dazu aß man das historische Butterbrot und selbstgemachten Käse. Klassengeist gab es nicht, wer kam, machte mit und gehörte zur Gesellschaft."

Links von unserem Weg abbiegend dann der Kapitelholzsteig. An ihm liegt das ehemalige Haagsche Weingut. Wir aber folgen weiter dem Boselweg und unternehmen von hier einen Abstecher zu dem Aussichtspunkt Juchhöh. Vielgestaltig und reizvoll ist der Ausblick von hier. In der Ferne die Silhouette von Burg und Dom. Eingebettet in das Tal davor das tausendjährige Meißen. Im Dunst des schönen Sommertages entschwindet das silbrige Band der Elbe. Auf den Höhen gegenüber, über dem Dunkel des Waldes, das Schloß Siebeneichen. Doch vor uns die Weinberge von Spaar: Mariaberg, Reicheltberg, Rosengründchen, Kronenberg und, uns am nächsten, der vom Weingut Walter Schuh wieder aufgerebte Klausenberg. Nahezu zwei Jahrzehnte hatte dieser Berg brach gelegen.

Ein erfreuliches Bild, das sich uns jetzt neu wieder bietet. Das frische Grün der Reben vor den instandgesetzten Mauern. Zwischenterrassen wurden eingebaut - angelegt für traktorengängige Bewirtschaftung.

Eine weitere Wanderroute zweigt bereits vor dem Juchhöhweg links ab. Über den Kapitelholzsteig gelangt man hier direkt zur Weinstraße zurück und auch zu dem Weingut Vincenz Richter. Bekannt ist die gleichnamige Gaststätte, weniger bekannt ist die Tatsache, daß zu der Familientradition auch eigener Weinbau gehört.

Doch zurück zu unserer Wanderung entlang des Boselweges. Bald haben wir die „Alte Deutsche Bosel" erreicht. Das Haus ist umwoben von dem Mythos, das wohl älteste Anwesen von Spaar zu sein. Bereits 1350 war es im Besitzverzeichnis des Meißner Hochstiftes aufgeführt. Weiter geht es vorbei an alten Winzerhäusern. Bilder reimen sich gleich Worten zu dem Erlebnis eines Sommertages - der schön wie ein Gedicht. Das ehemalige Weingut „Rautenberg": Alte Bruchsteinmauern, von Weinspalieren bedeckt, weinumrankt auch die Pergolen, ein altes Faß gefüllt wohl nicht mit Wein, doch mit Erinnerungen. Dann der Domprobstberg. Neben dem ehemaligen Weingut entstand auf einem Stück des Weinberggeländes in den dreißiger Jahren ein Krankenhaus. Unsere Wanderung durch das Spaargebirge findet ihren endgültigen Abschluß in der historischen Weinschänke „Bauernhäus'l" an der Oberspaarer Straße. Dreihundert Jahre ist sie alt, so besagt zumindest eine Grundbucheintragung aus dem Jahr 1639. Der Ursprung des Gebäudes ist wahrscheinlich sogar noch älter, erklärt uns der Wirt Herr Handrick. Auf alle Fälle wird uns noch ein Stück der vielgepriesenen Gemütlichkeit der Winzerstuben des vorigen Jahrhunderts vermittelt. Natürlich müssen wir uns hier nicht wie einst mit Butterbrot und selbstgemachtem Käse begnügen. Aber wer die Wahl hat, hat die Qual. So bestellen wir erst einmal einen Ruländer. Er ist nicht nur einer der alten Rebsorten in Sachsen, sondern gehört auch zu den hiesigen Spitzenweinen.

# Bischof Bennos Wunderland

## *Nur ein Katzensprung bis ins „Gebirge"*

*Bischof Benno:*
*An seinem Grabe und in seinen Erdentagen*
*hat sich manch 'Wunder zugetragen:*
*Ging trock´nen Fußes über die Elbe -*
*dem Fuhrwerk hinter ihm gelang das selbe ...*
*Den Kirchenschlüssel fand man einst im Karpfenmagen -*
*und was sich sonst noch zugetragen*
*erfährt man alles aus den alten Sagen ...*

An der schmalen Straße, die rechts der Elbe durch das enge Durchbruchstal von Meißen über Diesbar-Seußlitz nach Riesa führt, liegen kleine Siedlungen. Einige von diesen Dörfern haben sich sogar noch abseits von diesem Weg auf der Elbhangkrone bzw. der Hochebene dahinter versteckt. Hier erzwingt die Gegenwart nicht lärmend ihre Herrschaft, hier träumt im Schatten alter Gehöfte und mächtiger Bäume noch ein Stück Vergangenheit. Eines dieser kleinen Dörfer heißt Proschwitz.

Auf den längst vergilbten Seiten alter ledergebundener Folianten kann man in der schnörkelreichen Schrift und Ausdrucksweise unserer Altvorderen zu diesem Ort lesen: „Proschwitz liegt am rechten Elbufer auf einem mit Weingelände bedeckten Gebirge". In einer anderen der alten Schriften spricht man davon, daß „Schloß und Dorf auf einem angenehmen Weingebirge" sich befinden. Übereinstimmend weiß man aber auch davon zu berichten, daß der wundersame Meißner Bischof Benno sich nicht selten auf dem hiesigen Stiftsvorwerk, dem Vorgängerbau des heutigen Schlosses, aufgehalten haben soll.

Heute nun will ich in dieses vielgelobte *Gebirge* steigen. Wohl führt jetzt auch eine Autostraße dort hinauf. Aber in ein *Gebirge* steigt man, zumindest klingt das zünftiger. Und zudem würde ich es als unpassend empfinden, mich respektlos mit dem Auto auf den Spuren des heiligen Benno zu bewegen. Zur Rechten meines Anstiegs reihen sich nackte Felsen und Terrassenmauern. Im Frühjahr, wenn das Steinkraut blüht, schwappen hier Myriaden von Blüten wie gelbe Wogen über Mauern und Felskronen. Manchmal nur zwei oder drei Rebzeilen breit sind die Terrassen. Schmale Treppchen führen dort hinauf. Schweißtreibend sind diese Wege der Winzer. Ausschließlich nur Handarbeit ist in diesen Steillagen gefragt. Aber hier wächst auch einer der besten Weine des Elbtales. An dem Pfad, der unter mir von der Elbe zum Heiligen Grund führt, liegt die Webersche Heckenwirtschaft. Einfache Holztische zu Tafeln gereiht. Ein Ort der Gastlichkeit und Geselligkeit zwischen den Rebspalieren. Und über diesem weinseligen Ort steil aufragend eine Wand von Bruchsteinmauern und Fels. Der hier entlang gehende Weg führt weiter zum Heiligen Grund, wo Bischof Benno der Sage nach den Sorben predigte und sie durch ein Wunder zum christlichen Glauben bekehrte. Mit seinem Bischofstab in die Erde stoßend soll er einen Quell erweckt haben, an dem sich die Dürstenden labten. Diese Weinberglage namens Katzensprung, über die mein Blick jetzt schweift, gehörte einst zum Schloß Proschwitz. Der von der Elbe abgewandte Teil wurde 1936 vom Kleinweinbauverein Meißen wieder aufgerebt.

Doch zurück zu meinem Weg, der steil bergauf zu der Anhöhe führt, auf der sich auch Dorf und Schloß Proschwitz befinden. Nach ungefähr zweihundert Stufen, welche man die Katzenstufen nennt, habe ich dann schon die ganze Höhe des sogenannten *Gebirges* erklommen.

Solcherlei Annehmlichkeiten, wie den Stufenweg, kannte allerdings der heilige Benno seinerzeit noch nicht. Der Bocksberg, wie diese Höhe seit alters her genannt wird, war von dieser Seite nur mit großer Mühe zu ersteigen. Erst knapp sechshundert Jahre später, genau 1667, ließ Gräfin Beichling, die damalige Herrin auf Schloß Proschwitz, diesen Stufenweg anlegen.

Wie aber kam dieser Stufenweg zu seinem eigenwilligen Namen? Hier oben auf der Höhe stand einst eine Holländer-Windmühle. Und wo eine Mühle ist und Getreide gemahlen wird, da sind Mäuse und wo Mäuse sind, gibt es natürlich auch Katzen. Bis zu einem Dutzend von ihnen saß oft auf den Stufen und sonnte sich und so kam der Weg zu seinem Namen. Die Mühle wurde während der letzten Kriegswirren 1945 zerschossen und die Ruine später abgetragen. Mit der Mühle verschwanden auch die Katzen, aber der Name Katzenstufen blieb. Ähnlich erklärt sich auch der Name der bereits erwähnten Weinberglage Proschwitzer Katzensprung. Der alten Mühle Katzen wurden oft von den Hunden des Dorfes Proschwitz gehetzt. In ihrer Todesangst soll einst eine der Katzen sich mit einem unwahrscheinlichen Sprung am steilen Fels von Klippe zu Klippe gerettet haben. Ein Katzensprung kann eben doch weiter sein, als sprichwörtlich behauptet wird. Soweit sogar, daß die Erinnerung an diese Begebenheit Generationen überdauerte und namensgebend für die hiesige Weinberglage wurde. Gedanken beim weiteren Weg durch das *Weingebirge.*

Wenn das mit dem *Gebirge* in den alten Schriften auch reichlich übertrieben ist, *angenehm,* wie es in den Texten heißt, ist es hier aber auf alle Fälle. Vor mir liegt jetzt die Weinberglage Schloß Proschwitz. Rebstöcke flechten mit ihren Sommertrieben und Rankenarmen grüne Wände. Hier zwischen den Rebzeilen weht fast kein Lüftchen. Nur die Sonne schaut in das Versteck hinein und läßt die Trauben reifen. Über die Rebstöcke und die Elbe hinweg schweift immer wieder der Blick zu Burg und Dom.

Ein kleiner Abstecher führt mich hinüber zum ehemaligen Weinberghaus des Schlosses. Sonnenbeschienen jetzt im Spätsommer die weiße Fassade und das doppelt gewalmte Dach. Sturmumtost, wenn die Herbstwinde über die Höhen brausen. Sagenumwoben, wird es im Volksmund auch das Scheechhäusel genannt. Hier am Hang weiter elbabwärts befindet sich eine Felskuppe, die sogenannte Bennokanzel. Der Sage nach einer der Lieblingsplätze des Bischofs.

## *Der Tradition verpflichtet*

Durch das Rebenmeer, das die Hochfläche bedeckt, führt der Weg weiter zu dem Ort Proschwitz. Ein kleines verträumtes Dorf, angrenzend an die verlockenden Rebhänge. 1250 wurde die Siedlung unter dem Namen „Proszwiz", der sich aus dem Altsorbischen herleitet, erstmalig urkundlich erwähnt. Die Leute des Pros, bedeutet die Übersetzung des Ortsnamens. 1530 wird der Ort als Rittersitz benannt. Spätestens seit dem 17. Jahrhundert gab es dann hier einen Rittergutsbesitz. 1707 errichtete man das Schloß Proschwitz. Im 19. Jahrhundert sowie Anfang dieses Jahrhunderts erfuhr es maßgebliche Umbauten und Erweiterungen. Das hier ansässige Weingut gehörte bis zu seiner Enteignung 1945 dem Prinzen zur Lippe. 1990 begann Dr. Georg Prinz zur Lippe das elterliche Weingut wieder aufzubauen. Mit ihm habe ich mich hier verabredet - verabredet im alten Weinkeller des Schlosses Proschwitz.

Wie schon gesagt, knapp dreihundert Jahre alt ist das Schloß. Doch bereits zu Bischof Bennos Zeiten soll hier ein Stiftsvorwerk gestanden haben. Später wird Proschwitz als bischöfliches Tafelgut erwähnt. Diese Anlage bzw. ihr Nachfolgebau wurde wahrscheinlich im Zusammenhang des Schloßbaues abgerissen. Der Weinkeller aber blieb erhalten. Nach neuesten Untersuchungen blickt er bereits auf das stattliche Alter von einem halben Jahrtausend zurück. Aber vieles liegt noch im Dunkel der Vergangenheit, vielleicht auch verborgen hinter den klobigen Steinen der Gewölbe und Wände, die schwarz von der Patina der Zeit sind. Wenn sie uns erzählen könnten, würden sie uns dann berichten von den unterirdischen Gängen, die hier einst vorhanden? Oder von manchem Becher, der hier in fröhlicher Runde geleert? Fast glaubt man, inspiriert von dieser Umgebung, noch einen Hauch Weinduft längst vergangener Zeiten zu erahnen. Aber Weinverkostungen sollen hier wieder stattfinden, verrät der Prinz. Geplant sind außerdem regelmäßige Konzerte im Schloßpark, sowie ein alljährliches Park- und Weinfest.

Wie die alten knorrigen Rebstöcke ihre Wurzeln tief in den Boden senken, so reicht auch die Geschichte des Weinbaus hier in Proschwitz weit in die Vergangenheit zurück - eine Tradition, der sich Prinz zur Lippe verpflichtet sieht.

Zum Schluß verabreden wir uns, das Gespräch bei einem Besuch in dem neueingerichteten Weingut in Zadel noch zu vertiefen.

## Das Durchbruchtal der Elbe nach Meißen

### *Elbabwärts auf Bacchusspuren*

Nach dem Ausflug in Bischof Bennos Wunderland wollen wir nun weiter entlang des schmalen Elbdurchbruchtals über Zadel bis nach Diesbar-Seußlitz, dem nördlichsten Endpunkt der Sächsischen Weinstraße fahren. Ausgangs von Meißen geht unsere Fahrt an dem Knorrefelsen vorbei. Hier steht seit 1846 das Hotel Knorre und beginnt die Gemarkung von Winkwitz. Der eigentliche Ort aber hat sich wie Proschwitz auf der Hochebene hinter der Elbhangkrone versteckt. 1241 wurde der Ort erstmalig unter dem Namen „Wingozwiz", was soviel wie Leute des Wingoß bedeutet, urkundlich erwähnt. Heute gehört Winkwitz als Ortsteil zu Meißen. Die 1952 gegründete Weinbaugemeinschaft Winkwitz zählt zur Zeit 104 Mitglieder.

Nach der Knorre dann die Straußwirtschaft von der Weinkönigin 1987/89 Irene Weisflug und die Straußwirtschaft Weinterrassen Kämpfe.

Wie an einer Perlenkette reihen sich die Weindörfer elbabwärts von Meißen.

Der nächste Ort, den wir erreichen, heißt Karpfenschänke. Die gleichnamige

Gaststätte erklärt nur die Hälfte des eigenwilligen Dorfnamens. Für die andere hat der Wirt bei einem guten „Meißner" die Antwort parat: Vor der Elbhangregulierung ragten an dieser Stelle bei Niedrigwasser einige sehr seltsam geformte Steine aus dem Flußbett. Aufgrund seines Aussehens hieß einer davon im Volksmund der Karpfen.

Hier, wo einst die elbaufwärts treidelnden Bomätscher rasteten, wurde 1811 die Karpfenschänke als Bierniederlage gegründet. Mit einigen ehemaligen Winzerhäusern gehört sie heute zur Gemeinde Diera. Vom früher blühenden Weinbau sind nur noch Restflächen vorhanden. Insbesondere durch den Steinbruchbetrieb, welcher zwischenzeitlich wieder eingestellt ist, wurden viele der ehemaligen Weinbergflächen liquidiert. Mancher der hier noch wachsenden Rebstöcke steht auf den fruchtbaren, mit Löß durchsetzten Abraumhalden dieser Brüche.

Eine Quelle hat immer etwas Besonderes, Geheimnisvolles. Sie ist die Verbindung zu dem verborgenen Inneren unserer Welt, sie ist der sprudelnde Anfang des Weges vom Rinnsal zum Strom. So ist es auch - im übertragenen Sinne des Wortes - mit den Quellen unserer Vergangenheit.

Viele solcher Zeugnisse alter Besiedlung findet man im Elbtal, besonders bemerkenswert auch die Scherbenfunde aus dem 11. Jahrhundert bei Zadel. Auf dem langen Geländesporn über der Elbaue sind noch Reste einer Wallanlage nachweisbar. Von einer Burg - einem „castrum Zalin" - wird in einer Urkunde von 1079 gesprochen. Bei der erstmalig erfolgten urkundlichen Erwähnung im Jahre 1074 wird der Ort mit „Zadili" benannt - Quellen also, die weit in die Vergangenheit zurückführen. Von besonderem Interesse dürfte aber vor allem jene Erwähnung sein, welche für das Jahr 1195 den Erwerb des Dorfes Zadel durch die Zisterzienzermönche von Altzella belegt. Die neuen Grundherren waren bald mit Erfolg um die Pflege der Reben bemüht. Der kleine Ort Zadel hat also neben Meißen, wo der erste Nachweis des Weinbaus mit 1161 datiert ist, wahrscheinlich die älteste Weinbautradition von allen übrigen Orten im Elbtal. Und auch heute ist Zadel noch in besonderer Weise für den Weinbau dominant.

Am Dorfanger 19 in Zadel, unterhalb der Kirche, die weithin im Elbtal zu sehen ist, liegt ein großer Vierseithof. Heute ist das Anwesen eine Baustelle. Hier soll das neue Domizil des Weingutes Schloß Proschwitz entstehen. Die Weinbereitung, die Lagerung, Vertrieb und Gutsverkauf, aber ebenso Veranstaltungsräume, Wohnung und Verwaltung, das soll nunmehr an eine Stelle konzentriert werden. Neue moderne Anlagen werden installiert, um den Wein immer schonender behandeln zu können. Auch durch physikalische Maßnahmen, wie Kühlung und Erwärmung, sollen mit dieser Technik chemische Weinbehandlungsmittel partiell ersetzt werden. Die weitere Verbesserung der Qualität der Weine ist die Zukunftsvision.

In Zadel verlassen wir die Weinstraße und das Elbtal zu einem kleinen Abstecher auf die Hochebene dahinter. Am südlichen Rand des Golkwaldes liegt hier die kleine Siedlung Golk, welche 1828 erstmals als selbständige Gemeinde genannt wird. Heute gehört sie als Ortsteil zu Diera. Der Name Golk soll sich von altsorbisch „Kol" gleich Pfahl bzw. Pflock herleiten. Noch 1840 schrieb man, daß die Golkhäuser „viel und guten Wein" bauen. Dieser Ort war früher eine reine Winzergemeinde, in der Weinbau schon von altersher zu Hause war. Der Weinbau in Golk wurde erstmals durch eine Urkunde vom 3. Dezember 1320 bezeugt: Nutzung von Weinberg und Acker ihm und die andere Hälfte dem Kloster zugesprochen.

An dem etwa 40 Meter hohen Anstieg zum Golkwald gedeihen auch heute noch Reben. Beliebte Ausflugsziele in Golk sind die Weinstube „Winzerhof Golk" und die Gaststätte „Talhaus". Im Forsthaus Golk, etwa 200 Meter westlich von erstgenannter Gaststätte, wohnte von 1878 bis 1887 der Förster Max Schreyer, der hier das Volkslied vom „Vugelbärbaam" als Erinnerung an seine erzgebirgische Heimat schrieb.

Wir fahren ins Elbtal und zu der Weinstraße zurück. Der nächste Ort, den wir erreichen, ist Nieschütz, ebenfalls Ortsteil von Diera. Die erste bekannte Nennung von Nieschütz erfolgte in einer Urkunde von 1239, in der Markgraf Heinrich das Kloster Altzella bei Nossen mit dem Dorf „Nitswaz" belehnte. Der altsorbische Name bedeutet Ort des Nisvad.

Sehr früh wird der vorzugsweise am Südwestabfall des Golkwaldes betriebene Weinbau erwähnt. Auch im 17. und 18. Jahrhundert wird von bedeutenden Ergebnissen des Weinbaus in Nieschütz berichtet. Aus dem Jahr 1840 ist die Mitteilung überliefert, daß man das parzellierte Gemeindeland damals „meist mit Reben bepflanzte". Neben dem Weinbau ist in unserer Zeit in Nieschütz auch der Gartenbau zu Hause.

Unmittelbar an den Ort Nieschütz schließt sich die Gemeinde Diesbar-Seußlitz an - Endpunkt und Höhepunkt unserer Fahrt durch das Durchbruchstal elbabwärts von Meißen.

## *Das Elbeweindorf Diesbar-Seußlitz*

Wenn man den Elbbogen nach Nieschütz erreicht hat, sieht man das Weindorf Diesbar-Seußlitz wie auf einer Bühne im Halbrund vor sich. Eine der eindrucksvollsten Inszenierungen, welche die Elbe hier am Ende ihres Durchbruchstals für uns bereit hält - der Häuser rote Ziegeldächer, dahinter das Grün der Reben und die markanten Felsgesichter aufgelassener Steinbrüche.

Zwei Stunden später. Nach der Schloßbesichtigung und einer ausgiebigen Wanderung genießen wir jetzt den Blick von oben - vom fast fünf Dutzend Meter hohen Steilhang hinunter auf den Elbbogen. Unter uns der Sonnenspiegelung Silberschollen auf dem Strom und spielzeugklein die Häuser der Elbeweindörfer. Vor uns auf dem Tisch des kleinen überdachten Rastplatzes Gläser und eine Flasche Wein, die wir als „Wegzehrung" mitgenommen haben. In der Erinnerung aber die Bilder der reizvollen Wanderung hier her.

In Diesbar-Seußlitz findet man noch stille verträumte Fleckchen und in den alten Weinschänken gibt es manchen Wirt oder Winzer, der voller Liebe und Begeisterung von der Geschichte des Ortes und des Weinbaus hier erzählen kann. Einer von ihnen ist Joachim Lehmann - Wirt, Winzer und wohl auch ein klein wenig Weinphilosoph.

„Lehmann's Seußlitzer Weinstuben" waren die erste Station unserer Wanderung.

Dann folgte das Schloß mit seiner ausgedehnten Parkanlage. Der Reiz der lieblichen Landschaft des Elbtals wird hier durch die künstlerische Gestaltung noch gesteigert: Blumenteppiche, Rasenflächen, Heckenmauern, mächtige Bäume und Wacholderbüsche in verspielter Laune von der Schere zu Kugeln geformt - eine gelungene Komposition im Geschmack des 18. Jahrhunderts nach französischem

Vorbild. Inmitten dieser idyllischen Gartenlandschaft liegt das Seußlitzer Schloß, barock der Bau wie die Gartenanlage - Weinbergterrassen und bewaldete Hänge im Hintergrund. Über dem Schloß, auf einander gegenüberliegenden Höhen zwei Pavillons - die Louisenburg und die Heinrichsburg, letztgenannte namensgebend für die Weinberglage von Diesbar-Seußlitz.

Lang und wechselvoll ist die Geschichte des Seußlitzer Schlosses. Im 13. Jahrhundert ließ Heinrich der Erlauchte hier eine Sommerresidenz errichten, die er später zu einem Kloster bestimmte. 1272 wurde diese Stiftung von den ersten Nonnen des Klarisser Ordens bezogen. Im gleichen Jahr erfolgte die urkundliche Erstbenennung des Seußlitzer Weinbaus. Und auch in den folgenden zweihundertvierundsiebzig Jahren, in denen das Kloster bis zur Reformation Bestand hatte, sind Kloster und Weinbau eng miteinander verbunden, waren die Weinberge vor allem klösterlicher Besitz und wurde der weitere Ausbau und die Entwicklung der Rebkultur maßgeblich vom Orden bestimmt.

Im 18. Jahrhundert wurde dann das Schloß nach Plänen des bekannten Barockbaumeisters George Bähr unter dem kurfürstlich-sächsischen Kanzler Heinrich von Bünau in der heutigen Form umgebaut und die Gartenanlage errichtet.

*Schloß Seußlitz*

Vom Schloß führte unser Weg dann durch den Seußlitzer Grund und vom Gondelteich hinauf durch den Wald. Ich erinnere mich an die ausgedehnten Rebflächen, welche zu der Weinberglage Seußlitzer Heinrichsburg gehören. Diesen Lagennamen trägt auch die Flasche vor uns auf dem Tisch.

Station drei war die Goldkuppe - die größte bronzezeitliche Wallanlage Sachsens. Sie stammt aus der Zeit von 1800 bis 700 vor unserer Zeit. Fragmente kleiner Wohn- und Schutzburgen findet man auch bei Löbsal und Göhrisch. Die reizvolle Landschaft muß die Menschen hier auch schon in früherer Zeit angezogen haben.

Vom Seußlitzer Grund kommend sind wir nun hier oben auf dem Steilhang über dem Elbbogen angelangt - haben dieses idyllische Fleckchen mit solch faszinierenden Ausblick gefunden. Weiter vor uns warnen Tafeln: Vorsicht Absturzgefahr! Irgendwo dahinter befindet sich ein markanter Syenitfelsen mit einem fünfundsechzig Meter hohen Steilabfall zur Elbe hin - genannt der „Böse Bruder". Schenkt man der Legende Glauben, so soll sich hier ein unglücklich Verliebter in die Tiefe gestürzt haben - einer von zwei Brüdern, die das gleiche Mädchen liebten. Urkundlich belegt ist dahingegen, daß unweit vom „Bösen Bruder" an der Elbhangböschung im Bahrmannschen Weinberg 1907 die ersten reblausresistenten Pfropfreben in Sachsen gepflanzt wurden.

Nachdem wir den herrlichen Ausblick in das weite Land hier am nördlichsten Endpunkt der Sächsischen Weinstraße gleich dem Rest aus unserer Weinflasche ausgiebig genossen, steigen wir durch ein kleines Seitental, das sogenannte Brummochsenloch - vorbei an dem früheren herrschaftlichen Winzerhaus zur Elbe hinunter. Dort, wo wir die Hauptstraße erreichen, ist vor dem Fachwerkhaus des Weingutes Jan Ulrich eine alte Weinpresse aufgestellt. Wir kennen die Weine der Winzer Ulrich und Lehmann, so wollen wir heute dem Dritten der Weinerzeuger von Diesbar-Seußlitz einen Besuch abstatten: Merkers Weinstuben - ebenfalls direkt an der Weinstraße und dem Elberadweg gelegen. Die Eigengewächse, die man hier kredenzt, werden vor allem in dem Viertel Hektar Steillagen hinter dem Haus angebaut. Wir sitzen auf der Terrasse und genießen den Wein wie den Blick auf den Strom. Gedanken wandern wie die Wellen. Die Elbe - die Schönheit ihrer Ufer, ihre Frische, ihr ruhiges Strömen, das scheint sich alles in dem Wein der hier wächst widerzuspiegeln, scheint mit dem Wein selbst auf den Menschen überzugehen.

Herrlich diese Ruhe, aber vielleicht gerade deshalb muß ich an die turbulenten Tage hier im Frühjahr denken. Ich erinnere mich daran, als wäre es erst heute gewesen.

## *Seußlitzer Heiratsmarkt*

Christi Himmelfahrt. Das eigentlich kirchliche Fest wird heute vor allem von den Männern gefeiert. Sie haben es zu ihrem Herrentag erklärt. Sind auffallend farbenfroh gekleidet. Manche tragen bunte Bänder am Rockaufschlag oder am Hut. Auch alte Gehröcke und Zylinder sind an diesem Tag wieder Mode. Lieder, Lachen und fröhliche Rufe erklingen. So ziehen sie von Ort zu Ort. Ein beliebtes Ziel solcher Herrentagspartien ist Diesbar-Seußlitz. Und hierfür gibt es einen besonderen Grund, den Heiratsmarkt in diesem Ort. Mit dem Wort Markt assoziiert man meist Begriffe wie pausbäckige Äpfel, große Salatköpfe, frisches Gemüse und dergleichen. Sicher gibt es auch zum Seußlitzer Heiratsmarkt „junges Gemüse", aber es hat damit und mit dem Markt eine ganz andere Bewandtnis.

Himmelfahrt und Seußlitzer Heiratsmarkt: In einem großen Zelt in der Nähe des Schlosses kann man sich für einen Tag trauen lassen, und wem das nicht reicht, der nimmt die Nacht noch mit dazu. Vier Tage lang feiert man den Seußlitzer Heiratsmarkt. Den Ursprung dieser alten Tradition bringt man im allgemeinen mit der Auflösung des Klosters nach der Reformation in Verbindung. Damals soll eine Brautschau unter den bis dahin in der Abgeschiedenheit hinter den Klostermauern lebenden Nonnen stattgefunden haben.

Mag vielleicht der Bogen zwischen Dichtung und Wahrheit sehr weit gespannt sein, auf alle Fälle klingt die Legende glaubhaft: Und so wurde 1946 das 400-jährige Jubiläum begangen.

Tausende von Besuchern zählte damals bereits das Elbeweindorf Seußlitz zum Heiratsmarkt. Sie kamen zu Fuß, mit Rad, mit Dampfer und sogar mit Lastkraftwagen. Nur mit eigenem Auto kam damals kaum einer!

Wie anders heute. Fürsorglich haben die Organisatoren bereits vor dem Ort abgesperrt und hier einen großen Parkplatz eingerichtet. Wie bei einer Wallfahrt strömen die Menschen in den Ort. Fähnchenketten überspannen die Straße. Spruchbänder verkünden den Seußlitzer Heiratsmarkt. Heute ist der ganze Ort eine einzige Fußgängerzone - Kulisse für ein turbulentes und buntes Treiben. Auf den Elbewiesen Händler, Schausteller, Trubel. Aus dem Bierzelt erklingt Musik: Hoch auf dem gelben Wagen. Viele drängen hinein. Wollen selbst eine goldgelbe Fuhre einfahren. Die staubigen Schuhe unter den Tisch geklemmt. Das erste Bier schnell für den Durst. Der Schaum des Bieres zeichnet Ränder und bald der Wirt den fünften Strich. Wer aber mehr die genußvolle Beschaulichkeit liebt, der sucht einen der Weinstände auf, verwöhnt sich, wie seinen Gaumen mit einem Gläschen im Schatten der alten Winzerhöfe, die heute zum Ausschank umfunktioniert sind.

## Nebenroute der Weinstraße in der Elbe Urstromtal

### *Unterwegs zum Gellertberg*

Die Nassau, das alte Urstromtal der Elbe, wird bei Meißen nach Osten hin von einer anmutigen Hügelkette begrenzt. An diesem Hang des Elbtalgrabens liegen drei kleine Weinorte. Eine Nebenroute der Sächsischen Weinstraße führt von Meißen aus dorthin. Das erste dieser kleinen Dörfer ist Gröbern. Der Ort wird 1180 als „Grobere", abzuleiten von altsorbisch „Chrobry" gleich die Tapferen, genannt. Doch trotz aller Tapferkeit war Gröbern nach dem Hussitenkrieg nur noch eine wüste Stätte. Im 17. Jahrhundert wurde dann das wieder aufgebaute Dorf von der Pest heimgesucht.

Ähnlich wechselhaft war die Geschichte des Weinbaus in diesem Ort. Einst erstreckten sich die Weinberge bis in die Nassau und nach Niederau. Alte

Umfassungsmauern und verfallene Kellergewölbe in der Gemarkung dieses Ortes erinnern aber an die alte Weinbautradition. In dem ehemaligen Weingut Roitschberg sind heute noch in den Fels gehauene Keller mit breitgefaßtem Rundbogentor aus dem Ende des 17. Jahrhunderts zu sehen.

An der Straße von Gröbern nach Niederau finden wir Reste der einst ausgedehnten Rebfläche und die Besenwirtschaft Loose. Diese Rebfläche gehört zur Weinbergslage Gellertberg. Weiter geht die Fahrt über Niederau nach Oberau. Niederau war ein Bauerndorf - Oberau ein Dorf der Winzer. Bemerkenswert noch heute das Wasserschloß in Oberau - ein frühgotischer Bau. Grau schimmern die Mauern durch die hohen Bäume, Mauern bis zum ersten Stock aus Bruchsteinen gefügt, darüber Wände von denen der Putz gefallen. In den mächtigen Bäumen des Schloßparkes flüstert der Wind: Es war einmal!

Der 1715 in Hainichen geborene Christian Fürchtegott Gellert, der die Fürstenschule in Meißen besuchte und später durch seine Fabeln und Theaterstücke bekannt wurde, weilte oft hier in diesem Schloß.

Oberau ist seit über ein halbes Jahrtausend altes Rebkulturland. Der Name des Ortes erscheint 1276 als „Ouwa" und 1433 erstmalig mit dem Zusatz „Obir", was als „zur oberen Aue" gedeutet werden kann. Und wie der Name des Ortes änderte sich auch der Landschaft Bild. Von kleinen Restflächen abgesehen, umweht uns heute die Poesie lieblicher Weinberglandschaft nur noch am Gellertberg, der dieser Weinberglage auch den Namen gab. Dort, wo einst der große Dichter seine Schritte hinlenkte, wenn er auf dem Schloß Oberau weilte, findet heute alljährlich auf der Freilichtbühne das traditionelle Pfingstsingen statt.

Letzte Station der Fahrt entlang der Nebenroute der Sächsischen Weinstraße soll Weinböhla sein.

## *Wo Wein auch den Ortsnamen ziert*

Im Jahre 1840 gab es in Sachsen noch einhundertneunundfünfzig Orte, in denen Wein angebaut wurde, aber damals wie heute gibt es nur einen Ort, dessen Namen das Bestimmungswort Wein enthält - Weinböhla.

In dem Lehnbuch Markgraf Friedrich des Strengen wird Weinböhla 1349/50 als „Bel" zum erstenmal erwähnt. Das Bestimmungswort Wein aber ist erst 1538 nachweisbar. Der Ort wird damals „Weynbiele" genannt. 1436 bestätigt Friedrich der Sanftmütige in einer Urkunde die Belehnung eines Geleitsmannes aus Großenhain mit einem Weinberg oberhalb von Weinböhla. Bereits zu dieser Zeit muß sich der Weinbau also hier mehr und mehr ausgebreitet haben.

Das Wahrzeichen der Weinböhlaer Winzer ist der Wartturm. Im Volksmund Ruine genannt. Wir erfreuen uns an dem reizvollen Blick über den Weinberg, den Ort und das weite Elbtal. Vom alten Königlichen Weinberg auf der Weingartenstraße dehnten sich einst die Weinberganlagen bis nach Oberau und auf dem Heidesand vom Moritzburger Wald bis an die damaligen Grenzen des Dorfes.

Große Bestände wurden auch hier in Weinböhla um die Jahrhundertwende durch die Reblaus vernichtet. Weinberge wurden zum Siedlungsland, Obstplantagen entstanden dort, wo sich einst Rebzeilen reihten.

Ungefähr zweiunddreißig Hektar beträgt die Weinanbaufläche jetzt noch in Weinböhla. Sie gehört zu der Weinberglage Gellertberg. Allein zwei Hektar davon werden heute von Hausgartenwinzern bewirtschaftet.

Wir fahren in den Ort hinein. Am Kirchplatz 19 finden wir das 1794 erbaute historische Weingut „Peterkeller". „In der Zeit von 1986 bis 1989 wurde das völlig verfallene Anwesen von Heimatfreunden des Ortes wieder aufgebaut", erklärt Peter Beger, Vorstandsmitglied des Weinbauverbandes und selbst Mitinitiator der Wiederinstandsetzung. Wir betreten den Hof, sehen alte Gerätschaften des Weinbaus - Requisiten einer vergangenen Zeit. Zur Linken das Wohnhaus - ein alter Fachwerkbau. In diesem Gebäude ist heute das Heimatmuseum des Ortes untergebracht. Vom Hof führt eine Treppe in den jetzt als Gaststätte genutzten Weinkeller. Wie viele mögen schon über die ausgetretenen Stufen geschritten sein? Einladend die große Tafel, Stühle nach Bauernart. Dämmerlicht unter dem weit gespannten Gewölbe, Weinkellergemütlichkeit und die Einladung zu einem Glas Goldriesling, ein Wein, welcher nur noch in Sachsen angebaut wird.

Rings um die St. Martinskirche finden wir auch außer dem Peterkeller noch ein Stück alter Dorfidylle: Betagte Bauern- und Winzerhöfe im Schatten großer Bäume, Weinspaliere an Fachwerkfassaden, große Rundbogeneinfahrten, mit hohen Toren verschlossen. Doch an drei Tagen werden all die Tore geöffnet.

## *Vom Weinfest und Weinseligkeit*

Am ersten Wochenende im September wird in Weinböhla von Freitag bis Sonntag das Winzerstraßenfest gefeiert, werden die großen Tore geöffnet, werden Tische und Bänke in den Höfen aufgestellt. Wein wird ausgeschenkt. Markttreiben auf den Straßen: Verkäufer bieten ihre Ware an, ein Drehorgelspieler wetteifert mit einer Blaskapelle, verlockende Düfte vom Bratwurststand, Kinder drängen sich am Karussell. Aber immer wieder und vor allem gibt es Wein. Man trinkt da und dort einen Schoppen und wo man Bekannte trifft auch einen mehr. Schaut aus diesem Grund in jeden der Höfe einmal hinein. Aber der Kirchturm schaut immer in alle Höfe und zählt die vergnüglichen Weinfeststunden und das oft bis weit nach Mitternacht. Doch er macht es gern und das schon seit über hundert Jahren. 1994 feierten die Weinböhlaer hundert Jahre Kirchturm und zweihundert Jahre Weingut Peterkeller. Bei solchen besonderen Anlässen wird dann zum Weinfest noch ein Extra geboten: der große Festumzug. Damals mit 82 Bildern und 600 Mitwirkenden. Der Andrang war so groß, daß sogar der Vorrat an Eintrittskarten ausging. Doch das alles wird bald noch eine Steigerung erfahren, denn im Jahr 2000 feiert man 650 Jahre Weinböhla.

Bereits seit Mitte des 15. Jahrhunderts ist auch der Weinbau hier schon nachweisbar. In der Folgezeit entwickelte sich Weinböhla zu einem ausgesprochenen Weindorf. So berichtet der Chronist K.J. Hoffmann in seiner Schrift „Das Meißner Niederland", daß es im Jahre 1840 in Weinböhla 40 Gutsbesitzer und 53 Weinbergeigentümer gab. Er weiß weiter von einer Rekordernte aus dem Jahr 1784 zu berichten, in der die angefallene Mostmenge so groß war, daß man sie in allen verfügbaren Behältnissen und sogar in Kübeln, Wannen und Trögen untergebracht hatte. Weiter schreibt er, daß im Haus 109 solcherlei Behältnisse sogar auf dem Hof standen und das zur Weide getriebene Vieh ab und an einen Schluck des gärenden Traubensaftes nahm. In Verse faßte er das Ganze dann so:

*Zögen die Weinböh'ler männiglich*
*alle die Zapfen von jeglichen Fässern:*
*Stürzten, gleich wolkenbruchähnlichen Wässern,*
*brausend zur Nassau die Weine sich;*
*wo in der Weinfluth in nied'rer Küste*
*Zaschendorf hilflos ersaufen müßte.*

Eine solche Weinernte hat Weinböhla noch nicht wieder erlebt, aber wie gesagt, auch bei den Weinfesten fließt der Wein heute noch in Strömen und auf alle Fälle wird es auch bei der 650-Jahrfeier im Jahr 2000 so sein. Auch dann wird es wieder einen großen Festumzug geben, vielleicht sogar den bisher größten in der Ortsgeschichte.

*Der Peterkeller - einst Weingut, heute Heimatmuseum*

## Weinbau in Coswig - gestern und heute

### *Coswig und die eingemeindeten Weinbaudörfer*

Als dem ehemaligen Bauern- und Winzerdorf Coswig am 21. September 1939 das Stadtrecht verliehen wurde, war von der einstigen Blüte des Weinbaus in dieser Gegend kaum noch etwas zu verspüren. Plantagen und Industrieanlagen hatten von den ehemals vorhandenen Rebflächen Besitz ergriffen und prägen das heutige Bild dieser Industrie- und Gartenstadt mit ihren 25.000 Einwohnern. Doch auch in Coswig, wie in so vielen Orten des Elbtales, begegnen wir dem Weintraubensymbol der Sächsischen Weinstraße. Vergleicht man es mit den Wappenbildern der Stadt und der eingemeindeten Ortsteile Neucoswig, Brockwitz und Sörnewitz, könnte man fast meinen, daß diese dazu Pate gestanden hätten. Denn auch in ihnen finden wir das Symbol der Weintraube wieder, was uns an die einstige Weinbergherrlichkeit in diesem Gebiet erinnert. Die Stadtgeschichte und die Tatsache, daß von den ca. 60 Kilometern der Sächsischen Weinstraße ein Zehntel durch Coswig führt, ist der Grund, uns mit der Vergangenheit dieses Ortes und seiner Ortsteile zu beschäftigen. Auch wenn der Weinbau als landschaftsbildendes Element hier, bis auf den Ortsteil Sörnewitz, fast ganz verschwunden ist.

Die erste urkundliche Erwähnung von Coswig und Kötitz finden wir 1349/50 im Lehnbuch Friedrich III., Friedrich des Strengen. Dort wird Coswig als „Koczwicz" erwähnt, was aus dem Slawischen stammt und nach der Ortsnamensforschung so viel wie Ort der Amseln bedeutet. Kötitz, als „Kothenewicz" bezeichnet, ist gleichfalls slawischen Ursprungs und wird von „Kotici" abgeleitet, was mit Katzenort übersetzt werden kann. Doch, daß beide Dörfer wesentlich älter sind als vorgenannte urkundliche Ersterwähnung besagt, davon zeugen die im Museum der Stadt aufbewahrten fünftausend Jahre alten Funde aus der Jungsteinzeit, die auf den Fluren von Coswig geborgen wurden. Wie in so vielen Weinorten des Elbtales, kann man auch bei Coswig annehmen, daß wie beim Alter des Ortes auch die Anfänge des heimischen Weinanbaues älter sind als ihre urkundliche Ersterwähnung 1469.

Daß in Coswig und Kötitz neben der Landwirtschaft der Weinbau zu den Haupterwerbszweigen gehörte, kann man sich heute kaum noch vorstellen. Doch wenn wir im Kötitzer Flurregister von 1839 nachschlagen, so finden wir unter den angeführten Flächen viele Weinbergbezeichnungen, wie zum Beispiel „Heckenberge", „See- und Sonnenberge", die „Krahberge" und die „Oberberge". Dabei machte damals der Anteil der Rebfläche an der insgesamt landwirtschaftlich genutzten Fläche 18,5 % aus. In den Oberbergen gab es wie in Sörnewitz ein Weingut namens *Graue Presse.* Eine alte Straßenbezeichnung erinnert heute noch daran. Außerdem befand sich an der Flurgrenze zu Naundorf, ebenfalls wie in Sörnewitz, auch ein Weingut *Rote Presse,* das auch als Tännichthaus bezeichnet wurde.

## *Neucoswig - die ehemalige Weinberggemeinde*

Von den in Coswig eingemeindeten Weinbaudörfern kommt neben Sörnewitz aber vor allem Neucoswig in weinbaulicher Hinsicht eine besondere Bedeutung zu, denn auch dieser Ort war ein Winzerdorf. Neucoswig liegt östlich von Coswig, angrenzend an den Friedewald. Urkundlich läßt sich die Geschichte des Weinortes bis in das 16. Jahrhundert verfolgen. Im Kirchenbuch der Gemeinde Coswig finden wir eine Aufzeichnung aus dem Jahre 1595, in der es heißt: „Talkenberg wohnt im 'neuen Dorf'". Das alte Weingut dieser Familie ist noch heute erhalten und trägt im Torbogen die Jahreszahl 1607. Außer im „neuen Dorf" wurde auch die Bezeichnung „in den Bergen" für diese Ansiedlung der Neucoswiger Weinbauern verwendet. Neben dem Talkenberger Weingut sind auch die Weingüter Zimmerhof, Lindenhof, Karlshof, Neuhof und das Gut des Weidmüllers bekannt. Wenn wir in alten Gemeindeprotokollen blättern, dann erscheint im Jahre 1839 für Neucoswig erstmals der Begriff „Weinberggemeinde". Mit der damaligen Selbständigkeitserklärung durch das Amt Moritzburg mag ein sehnlicher Wunsch der neunundzwanzig Weinbergbesitzer dieser Gemeinde in Erfüllung gegangen sein. Ab 1862 wird die Weinberggemeinde dann als Neucoswig bezeichnet, und am 1. April 1920 erfolgte die Eingemeindung nach Coswig.

*Blick von der Boselspitze auf Sörnewitz*

## *Der Ortsteil Sörnewitz bewahrt die alte Tradition*

*Es wächst der Wein am Jacobstein*
*wie auch in Meißen an der Bosel.*
*Er muß auch hier nicht schlechter sein*
*als Wein von Rhein und Mosel.*

Dem ehemaligen Bauern- und Winzerdorf Sörnewitz mit dem markanten Felsgesicht des Boselberges über den roten Ziegeldächern wurde im Jahre 1205 unter dem Namen „Sornuitz" seine Geburtsurkunde ausgestellt. Das altsorbische „Zornowica" - Mühlenort - soll hierbei Pate gestanden haben.

Noch weit vor dem Zeitraum der beurkundeten Ersterwähnung und lange noch bevor der Weinbau seinen Einzug hielt, gab es hier auf der dem Ort unmittelbar benachbarten südöstlichsten Erhebung des Spaargebirges, eine bronzezeitliche befestigte Flucht- und Signalburg.

Erinnerungen an eine gar nicht so ferne Vergangenheit birgt Sörnewitz, der kleine Ort im Bannkreis von Elbe und Bosel, aber auch heute noch: Betagte Bauernhöfe, reblaubumsponnene Fachwerkfassaden, große Hofeinfahrten, Rundbogentore. Es lohnt sich einmal hier anzuhalten und in den Ort hineinzuschauen.

Das alte Straßendorf Sörnewitz gehört zu der Stadt Coswig, aber es hat sich seinen dörflichen Charakter mit den historischen Zwei- und Dreiseithöfen und mit dem Weinbau, der hier noch gepflegt wird, bewahrt.

So finden wir hier in einem rekonstruierten Fachwerkhaus aus dem Jahr 1819 das einzige Weingut der Stadt Coswig - die Elbtalkellerei Meißen, das Weingut Walter Schuh. Außer 6 ha Rebanlagen gehören zu ihm ein Weincafé und die Pension zur Bosel. Spezialitäten dieses Weingutes sind vor allem der Rotwein und der Winzersekt aus eigener Herstellung.

Ein Stück Erinnerung an vergangene Weinbauherrlichkeit bringt auch das Mitte September hier wieder stattfindende Wein- und Heimatfest. Das ganze Dorf ist dann bunt geschmückt. Nur 550 Einwohner hat dieser kleine Ort, aber bei dem Fest fehlt kaum einer. Die meisten sind selbst beteiligt: bei den Umzugswagen, bei den Vereinen oder den Gewerbetreibenden. Winzerinnen und Winzer in farbenprächtigen, selbstgeschneiderten Kostümen erinnern - ebenso ein weinseliger Bacchus - an Tradition und Fortbestand des Weinbaus hier in diesem kleinen Ort nahe der Stadt Meißen.

*Elbtalkellerei Meißen – Weingut Walter Schuh*

# Die Niederlößnitz

## *Die zwei „Dorfältesten"*

*Wie war die Jugend schön und unbefangen:*
*Ein Schoppen ist dir schon ins Blut gegangen ...*
*Heut' trink' ich eine ganze Menge -*
*und komm damit nur langsam in die Gänge ...!*

Wieviel Beeren hat die Traube, wieviel Trauben füll'n ein Faß? Genau kann das wohl keiner sagen, und genau will das auch keiner wissen. Wissen sollte man aber schon, wenn man auf Bacchus' Spuren entlang der Sächsischen Weinstraße unterwegs ist, daß es hier in der Radebeuler Lößnitz drei Weinberglagen gibt. Steinrücken, Johannisberg und Goldener Wagen heißen sie. Die drei Weinberglagen, das sind zusammengenommen laut Weinbaustatistik 68 Hektar, genau vermessen und gezählt. Wer aber zählt die vielen Zeugnisse vergangener Weinbergherrlichkeit, die es hier in der Lößnitz noch gibt.

Zuerst will ich dem ältesten der Radebeuler Ortsteile einen Besuch abstatten. Naundorf wurde 1144 in einer kaiserlichen Urkunde erstmals erwähnt. Es ist damit, wie gesagt, die älteste der Radebeuler Gemeinden.

Ein kleiner Spaziergang um den Dorfplatz, wo die Bäume noch höher als die Häuser gewachsen sind. Seit dem 13. Jahrhundert ist in Naundorf auch der Weinbau zu Hause. Immerhin sollen in diesem Dorf einmal 31 Weinpressen gestanden haben und viele der Häuser im alten Dorfkern besitzen noch heute einen Weinkeller. Erst Anfang des 19. Jahrhunderts ging der Weinbau hier nach mehreren Mißernten allmählich zurück. Die Reblaus tat dann in der zweiten Hälfte des vorigen Jahrhunderts noch das ihre. Aber hinter den Mauern und Toreinfahrten verbirgt sich manche Erinnerung an die Weinbauvergangenheit. So auch im Haus Altnaundorf 22. Frau Schmidt und Frau Klemt erzählen mir hier von früher: Damals nach dem Krieg, als Minna nebenan noch Klotzsches Weinschank betrieb ... Und man erinnert sich an die Erzählungen von Großvater und Großmutter: Hinter den Häusern auf der großen und drüben auf der kleinen Seite - gemeint sind die beiden Seiten des Dorfplatzes, die sich nach der Länge der Straße und der Größe der Gehöfte unterscheiden - lagen damals noch unmittelbar hinter den Häusern Weingärten. Viele der Bauern hatten aber zudem auch ihre Rebparzellen auf dem Johannesberg. Erinnerungen an vergangene Weinbauzeiten bei einem Gläschen Wein. Anheimelnde Atmosphäre umfängt uns hier in dem alten Weinkeller. Das Kerzenlicht malt Schattenspiele an Decke und Wand: Formen, Figuren - Bilder der Fantasie. Sie zeichnen sich auf das Mosaik der Steine, die nur mit Lehm verbunden, sich zu dem Gewölbe fügen. Wohl dreihundert Jahre alt ist dieser Keller, älter als die meisten Häuser hier im ehemaligen Dorfkern, denn die sind bei dem großen Brand von 1822 fast alle vernichtet worden.

Kötzschenbroda war die zweitälteste und größte der Lößnitzgemeinden. Und dieser Ort war es auch, der zuerst den Wein aus der hiesigen Gegend bekannt machte. Der Wein aus dem „Kötzschenberger Weingebirge" war anfänglich überhaupt der Inbegriff für den Wein aus der Lößnitz. Wie auch die urkundliche Ersterwähnung von Kötzschenbroda, damals noch „Coschebrode" genannt, in

Verbindung mit dem Weinbau erfolgte. Nach dem alten Dokument wurden bereits 1271 zwölf Fuder Coschebroder Weine an das Nonnenkloster in Sitzenroda geliefert. Ein weiterer Beleg für den Weinbau in dieser Gegend datiert von 1320. Nach diesem Dokument verpflichten sich die Brüder Magnus, von ihrem Weinberg je ein halbes Faß „vinum Kötzenbrodensis" an kirchliche Einrichtungen in Meißen und Dresden zu liefern.

Altkötzschenbroda. Eine Woche nach dem Besuch in Naundorf bin ich hier unterwegs. Der Dorfplatz erzählt noch ein Stück Geschichte der alten Lößnitzgemeinde. Die ihn säumenden Häuser stammen zum Teil noch aus dem 18. Jahrhundert. Durch den verheerenden Brand von 1637 war fast der ganze Ort vernichtet worden. Oft aber wurden die neuen Häuser auf den alten Kellern bzw. Fundamenten errichtet. Der Streifen Grün mit seinen Bäumen teilt den Dorfplatz in zwei Straßen. In das Pflastermosaik vor dem Pfarrhaus ist eine Tafel eingelassen. Ihre Inschrift erinnert an den hier am 27. August 1645 unterzeichneten Waffenstillstandsvertrag zwischen Kursachsen und Schweden. Durch ihn wurde der Dreißigjährige Krieg in Sachsen beendet. Viele gehen gedankenlos über diese Inschrift hinweg. Aber der Frieden wird ja auch anderen Ortes in unserer Welt immer wieder mit Füßen getreten.

Die Häuser in Altkötzschenbroda sind zum Teil noch aus Lehm und Bruchsteinen gefügt. Doch die Steine sind nicht stumm. Jedes dieser Häuser erzählt die Geschichte und die Geschichten von Generationen. Bei meiner Wanderung auf alten Winzerwegen interessiert mich natürlich vor allem auch ein Haus - die alte Schänke „Großes Weinstuben", Altkötzschenbroda Nr. 64.

Wenn man „Großes Weinstuben" betritt, dann spürt man sofort: Das ist ein Haus mit Tradition. Die Tradition dieses Hauses und des dazu gehörigen Nachbargrundstückes Nr. 65, war anfänglich das Böttcherhandwerk. Und das seit Generationen. Erst hießen die Familien, die hier dieses Handwerk ausübten, Müller und dann Große. Immer aber ernährte das Gewerbe seinen Mann, denn in Kötzschenbroda gab es viele Winzer, die ständig Fässer benötigten. So nannte der Böttchermeister Julius Große auch einen Weinberg unterhalb des Neufriedstein sein eigen und erwarb anno 1892 das Nachbargrundstück Nr. 64. Auf dieses ließ er dann das Schankrecht übertragen. Seitdem heißt dieses Haus „Großes Weinstuben". An Markttagen fand auf dem Platz vor der Gaststätte der stets sehr besuchte Ferkelmarkt statt. Erfolgreiche Käufe wurden bei „Großes" begossen. Auch bei anderen Festlichkeiten, besonders zur Vogelwiese, war hier Hochbetrieb. Schon am Morgen des ersten Tages stellte sich hier der Festzug der Bogenschützengesellschaft von Kötzschenbroda auf. Während des Vogelschießens auf der Festwiese waren Gaststätte und Garten besonders gut besucht. Auch heute noch lohnt sich ein Besuch in der historischen Weinschänke.

## *Herrenhäuser der Niederlößnitz*

Auf den Zitzschewiger Fluren besaßen die Meißner Bischöfe bereits im 14. Jahrhundert ihre Weinberge. Es waren aber nur einfache Weinberg- bzw. Winzerhäuser, die sich seinerzeit in den Bergfluren der Dorfgemeinden befanden. Erst ab dem 17. Jahrhundert begann der Adel, in zunehmendem Maße jedoch auch bald das Bürgertum, sich Winzerhäuser als Sommersitze auszubauen. Aber auch neue Herrenhäuser entstanden. Insbesondere die Niederlößnitz ist reich an solchen Bauten. Sie sind das weitere Ziel meiner Wanderung auf alten Winzerwegen durch die Lößnitz.

Auf dem Bischofsweg im Radebeuler Stadtteil Zitzschewig. Gegenüber der Johanneskapelle ein Haus, von seinem Ursprung das wohl älteste Anwesen hier in der Lößnitz - die sogenannte Bischofspresse. 1373 wird sie bereits als Weinpresse der Meißner Bischöfe erwähnt. Das Fachwerkhaus mit seinem abgewalmten Ziegeldach entstand in der zweiten Hälfte des 17. Jahrhunderts, als die Presse in bürgerlichen Besitz übergegangen war. Man sieht dem Bau den weiten Weg durch die Jahrhunderte an, aber auch die Weisheit des Alters. Es hat Höhen und Tiefen des Weinbaus kennengelernt. Erlebte die Zeiten, als die Hänge ringsum nur mit Wein bedeckt waren, sah dann Ende des vorigen Jahrhunderts die Rauchsäulen steigen, als man die von der Reblaus befallenen Weinstöcke verbrannte. Heute sind die Weinberge zum Teil wieder aufgerebt.

Zu dem einstigen Besitz der Meißner Bischöfe hier in der Niederlößnitz gehörte neben der Weinpresse auch der Vorgängerbau des heutigen Hohenhaus, der mitten in dem Weinberg lag, den man den Bischofsberg nannte. Nach der Reformation bzw. der nachfolgenden Säkularisation wurde dieser bischöfliche Besitz aufgeteilt und wechselte danach mehrfach die Eigentümer. Das Hohenhaus entstand in seiner heutigen Form Mitte des 17. Jahrhunderts. 1832 erwarb dieses Grundstück der Berliner Bankier August Thienemann. Er und seine Nachkommen gestalteten einen Teil des Weinbergs zu einer reizvollen Parklandschaft mit seltenen Gehölzen, Wasserspielen, Teichen und romantischen Wegen um.

August Thienemann hatte fünf Töchter. Drei davon heirateten die Gebrüder Hauptmann. Gerhard Hauptmann setzte dem Hohenhaus auch ein literarisches Denkmal. „Nest der Paradiesvögel" nannte er es in seinen Erinnerungen. Heute ist im Hohenhaus ein Puppenmuseum untergebracht.

*Hohenhaus*

Über die Mittlere Bergstraße und den Hohenhausweg bin ich hierher gekommen. Vom Hohenhaus führt mein Weg links abbiegend weiter in Richtung Zechsteinaussicht. Unterhalb des schmalen Pfades eine neu aufgerebte Fläche. Drahtüberspannt. Pfähle und Drähte teilen die Parzelle mit geometrischer Exaktheit. Mauern von Pfeilern gestützt säumen hangseitig den Weg. Hier haben Radebeuler Winzer einen Weinlehrpfad angelegt. Alle in Sachsen angepflanzten Rebsorten sind zu sehen. Tafeln nennen jeweils Namen und Besonderheiten der einzelnen Sorten. Der Langenbergweg führt mich dann weiter durch den Wald bergauf. Auf einer Lichtung ein Born - eine der steingefaßten Wasserstellen, wie sie in vielen der Lößnitztäler anzutreffen sind. Diese Wasserstellen lieferten Brauchwasser für die Herrensitze und Weinberghäuser. So hier für Kynast, Paulsberg und das Hohenhaus.

Auf der Höhe führt der Weg weiter nach Dippelsdorf und Lindenau. Ich aber gehe rechts abbiegend hinauf zur Zechsteinaussicht. Bald schon dann vor mir der Blick über die Weite des Elbtals. Ein leichter Schleier liegt über den Höhen am jenseitigen Ufer, verengt die Horizonte und läßt die Landschaft entfernt nur in zarten Pastelltönen erscheinen. Unmittelbar unter mir Weinberge und die Mittlere Bergstraße. Klar gezeichnet sind hier der Häuser Konturen. Dort irgendwo dazwischen die alten Weinberghäuser bzw. Herrensitze Krapenberg, Kynast und Paulsberg. Meine Blicke eilen den Schritten voraus. Ungefähr eine halbe Stunde später bin ich dort unten angelangt. Von weitem grüßt mich das Haus Krapenberg mit seinem Turm und dem hohen Walmdach. 1590 wurde dieses Anwesen als „Krap“ zum ersten Mal erwähnt. Einst Weingut, später Gärtnerei, heute Rebversuchsstation. Noch häufiger als die Nutzung wechselten die Besitzer. Einer von ihnen, der Leipziger Apotheker Neubert, bringt sich aber noch heute in besonderer Weise in Erinnerung. Er ließ 1862 eine Talutanlage - eine Anlage zum Schutz bzw. früheren und besseren Reifens von Tafeltrauben errichten. Mit ihrer heutigen Größe von 40 x 70 Meter ist sie wohl einzigartig in Deutschland.

Ich gehe weiter die Mittlere Bergstraße entlang, biege in den Kynastweg ein. Das große Tor gibt den Blick frei zu dem 1760 errichteten Haus Kynast. Das Walmdach mit Mansarden frisiert. Gepflegte Rasenflächen. Hohe Bäume. Ein Turmhaus, das sich hinter dem Hauptgebäude versteckt. Die ganze Anlage von Weinbergen umgeben. Das alles vermittelt fast noch das Bild des Weingutes, das hier ja seit dem 16. Jahrhundert bestand.

Unweit vom Haus Kynast ein weiterer der alten Herrensitze. Der Paulsbergweg führt direkt hinein. Das Haus Paulsberg ist ein zweigeschossiger, spätklassizistischer Bau aus dem Jahre 1853. Die Nebengebäude sind barocken Ursprungs. Im Garten Putten aus Sandstein in zeitgenössischer Tracht. Sie stammen aus dem 18. Jahrhundert. Das ganze Anwesen, aber vor allem das Hauptgebäude mit seinen Dreiecksgiebeln und geschmückt mit ionischen Säulen, fügt sich harmonisch in die angrenzende Weinberglandschaft ein. Allerdings hat auch hier die Zeit ihre Spuren hinterlassen.

## *Staatsweingut Schloß Wackerbarth*

Vor uns idyllische Weinbergterrassen, gleich überdimensionalen Stufen, bucklig und krumm, wie ausgetreten von der Zeit. Gerade und geometrisch exakt aber die Treppe, die durch den Garten hinauf zu dem Belvedere, dem Lusthaus unterhalb der Weinberge, führt. Wir sind in Schloß Wackerbarths Ruh. Vor uns eines der beliebtesten Fotomotive hier in der Lößnitz.

Reichsgraf August Christoph Wackerbarth hatte fürwahr einen sehr guten Geschmack, als er hier inmitten der Weinberge seinen Alterssitz errichten ließ. Über dreißig Jahre hatte er August den Starken als Beamter, Staatsmann und Generalfeldmarschall gedient und ließ sich dann in der Zeit von 1727-1729 vom Hofbaumeister Christoph Knöfel Schloß Wackerbarths Ruh erbauen. Die Pläne zu seinem Alterssitz hat Graf Wackerbarth wahrscheinlich sogar selbst entworfen, da er auch Baumeister war. Zumindest aber wählte er dieses landschaftlich so reizvolle Fleckchen Erde für den Bau selbst aus.

„Menschengeschlechter ziehen vorüber, wie Schatten vor der Sonne", steht in großen Lettern an dem Sandsteinsockel des Belvedere. War es nun Lebensweisheit oder vielleicht auch ein wenig Vorahnung, die einen der Nachfolger des Grafen veranlaßt hatte diesen Spruch anbringen zu lassen, denn siebzehnmal wechselte das Schloß den Besitzer. Es erlebte Glanzzeiten und Zeiten des Verfalls, wurde zerschlagen und wieder zusammengekauft. Es war Knabenerziehungs- und danach Irrenanstalt. Es gehörte der Dresdner Bank und war nach dem Krieg Sitz der Roten Armee. 1957 wurde Wackerbarths Ruh vom VEG Weinbau Radebeul übernommen und 1990 erfolgte dann durch das Sächsische Staatsministerium für Landwirtschaft die Bildung des Staatsweingutes Schloß Wackerbarth.

Der Rebstock benötigt eine gute Erziehung und Liebe wie der Mensch. Die Liebe aber, deren der Rebstock so dringend bedarf, heißt Pflege und Sonnenschein. Wo aber kann er hier im nordöstlichsten der deutschen Anbaugebiete diesen Sonnenschein intensiver erfahren als dort, wo Mauern, von Generationen getürmt, zu Terrassen sich reihen. Wo, wie hier am Schloß Wackerbarth, die Sonnenstrahlen am steilen Hang fast senkrecht auf den Boden fallen und die Mauern noch zusätzlich Wärme speichern und reflektieren.

Doch schon bald tauchten Wolken an dem ansonsten meist ungetrübten Lößnitzhimmel auf. Zu hoch waren die Zuschüsse, die Vater Staat für sein Weingut zahlen mußte. So wollte er schließlich nicht mehr Vater sein und nicht mehr zahlen. Die Wolken über Schloß Wackerbarth verdichteten sich. Die Privatisierung stand an, aber auch Ungewißheit und Existenzangst.

Und weiterhin ergab sich zu Recht die Frage: Würde ein privater Investor die hohen Aufwendungen für den Erhalt der Weinbergterrassen zahlen können und zahlen wollen?

Als im Juni 1996 das sächsische Kabinett die Privatisierung beschloß, fehlte es natürlich nicht an Interessenten. Insgesamt sollen es ca. vierzig gewesen sein. Wen wundert das auch, bei dieser traumhaften Lage und dem renommierten Namen? Und dann war ja auch noch das Schloß selbst! Doch da gab es eben auch noch ein Aber und das hieß: Ungefähr 15 Hektar Rebfläche befinden sich in terrassierten Steillagen, sind nur schwer zu bewirtschaften und auch nur mit hohem Kostenaufwand zu erhalten. Und eben an diesen Terrassenanlagen schieden sich die

Geister. Die einen wollten deren unveränderten Fortbestand und die anderen - die Kaufwilligen - wurden des Kaufens unwillig, als sie davon erfuhren. Und so blieben zum Schluß nur zwei Bewerber übrig, aber auch diese konnten nicht glaubhaft den Erhalt der Weinbergterrassen zusichern bzw. waren überhaupt nur an der Sektproduktion interessiert. Den Erhalt der terrassierten Steillagen hatte die Staatsregierung glücklicherweise aber als unabdingbare Voraussetzung für die Privatisierung festgelegt.

*Belvedere am Staatsweingut Schloß Wackerbarth*

Viele wandten sich damals gegen die Privatisierungsentscheidung; der Weinbauverband Sachsen, der Erste Sächsische Weinkonvent und natürlich auch die Belegschaft, um nur einige zu nennen, auch engagierte Privatpersonen. Die Proteste halfen vorerst nicht, die Interessenten kauften nicht! Wie ging es nun aber weiter?

Im Herbst 1998 konnte durchgesetzt werden, daß Land und Immobilie in den Besitz des Freistaates übergingen. Die Grundlage für eine staatliche Bewirtschaftung war damit gegeben. Dieser Sachverhalt, die Proteste, die vielen Schreiben voller Sorge, welche bei dem Staatsministerium eingingen, die Tatsache, daß sich kein geeigneter Käufer fand und der zwischenzeitlich geführte Nachweis der möglichen Rentabilität - das alles zusammen führte dazu, daß das Staatsweingut nun doch weiter Bestand haben wird, wenn auch zu geänderten Konditionen. So schlossen am 15. Januar 1999 der Freistaat Sachsen und die Sächsische Aufbaubank GmbH einen Treuhandvertrag zur Verwaltung des Betriebes ab. Schloß Wackerbarth befindet sich also weiter in Staatsbesitz und ist nicht Eigentum der Sächsischen Aufbaubank. Ihre Aufgabe ist nicht etwa die „Abwicklung" des Staatsweingutes, sondern dessen Überführung in ein privatwirtschaftlich agierendes Unternehmen. Die entsprechende GmbH wurde bereits gegründet. Einzige Gesellschafterin ist die Sächsische Aufbaubank. Da sie sich als Förderbank Sachsens auch aus sächsischen Landesmitteln finanziert, bleibt der Freistaat Eigentümer und Mitfinanzierer.

Der bereits 1998 erfolgte Verkauf einiger peripher gelegener Weinberge, wie zum Beispiel in Diesbar-Seußlitz und auf der anderen Elbseite in Cossebaude und Pesterwitz waren betriebswirtschaftlich notwendige Schritte. Problematischer wird sicher die nunmehr vollzogene Reduzierung der Belegschaft um sechsundvierzig Prozent. Was sind die Gründe - was ist die Vision?

Schloß Wackerbarth soll als Gesamtensemble erhalten bleiben und mittelfristig in die schwarzen Zahlen geführt werden. Umfangreiche Investitionen zur Erhaltung der historischen Bausubstanz und der einmaligen Kulturlandschaft sind vorgesehen. Das Schloß mit dem attraktiven Belvedere am Weinberg soll zu einem Repräsentationsgebäude werden. Staatsempfänge und touristische Veranstaltungen sollen hier stattfinden. Letztendlich aber müssen die Ergebnisse der kommenden Jahre die Richtigkeit der getroffenen Entscheidungen bestätigen.

Gedanken und Hoffnung, die sich auch weiterhin mit dem Staatsweingut Schloß Wackerbarth verbinden werden.

## *Wein, Kultur und Landschaft pur*

*Was Du beim Weine begreifst,*
*gewinnst Du durch Wein,*
*wenn Du am Wein nicht sparst …*
*D´rum Freunde, werdet erfahren,*
*ihr mögt im Leben wohl sparen,*
*doch spart ihr nur selten was ein,*
*spart ihr im Leben am Wein …!*

Heute will ich auf den Höhenwegen der Niederlößnitz Wein, Kultur und Landschaft pur erleben. Ausgangspunkt ist Schloß Wackerbarth. Unterhalb des Jacobsteins das Haus Fliegenwedel mit seinem ausdrucksvollen Giebelgesicht. Das frische rosa Make up will nicht über das Alter hinwegtäuschen, sondern so pastellfarben ist der Bau getreu der historischen Vorlagen und entsprechend dem Geschmack vergangener Zeiten restauriert. Woher kommt eigentlich der merkwürdige Name Fliegenwedel? Man sagt mir, er käme vom Weinberg darüber. Aber woher hat er seinen Namen entlehnt? Sicher könnte der Landrentmeister Rothe, der dieses Haus einst erbauen ließ, die Frage beantworten. Doch der ist schon vor dreihundert Jahren verstorben. Auch dem Hofböttchermeister Jacob Krause, der dieses Haus 1738 erwarb, später umbauen ließ und den Jacobstein als Lusthaus auf den Höhen darüber errichtete, können wir diese Frage nicht mehr stellen. Die Erklärung des Namens liegt wohl - wie vieles hier - im Dunkel der Vergangenheit.

Weiter gehe ich die Straße „Am Jacobstein“ entlang, die gesäumt wird von Weinbergmauern, Villen und Gärten. Bald ist die Winzerstraße erreicht. Alte Häuser mit Holzverschalung und Fachwerk stehen Spalier. Das Schönste von ihnen ist das Haus Lotter. So genannt nach einem der letzten Besitzer. In seinem Ursprung ist der Bau eines der ältesten Weinberghäuser, bereits 1580 in einer Karte des kurfürstlichen Landvermessers Georg Oder eingezeichnet. Die urkundliche Ersterwähnung erfolgt allerdings erst rund einhundert Jahre später. Aber auch zu dieser Zeit befand sich hier nur ein kleines Winzerhaus. Im 17. und 18. Jahrhundert wurde es dann zweimal in westlicher Richtung erweitert. Diese insgesamt drei Bauetappen sind bewußt auch bei der Rekonstruktion sichtbar belassen bzw. betont worden. Sehenswert der wiedererstandene Laubengang, den man über eine Treppe von der Hofseite aus erreicht. Von hier aus betritt man auch den Saal mit seiner eindrucksvollen Deckenbemalung. Preßbalken und Kelter im Mittelteil zeugen noch von dem alten Weinberghaus.

*Das Haus Lotter - bereits in einer Flurkarte von 1570 aufgeführt*

Nach dem Haus Lotter quert die Moritzburger Straße breit und mit Getöse meinen Weg. Ein Störenfried in dieser Idylle. Dann wieder Stille und die Winzerstraße mit ihrer Galerie alter Häuser. Haben auch die Jahrhunderte oft Wände und Balken aus dem Lot gebracht, Um- und Ausbauten das Gesicht verändert - die Häuser haben ihre alte Schönheit bewahrt. Die Straßen, die von ihnen gesäumt, sind auf keinem Reißbrett geplant und mit keinem Lineal gezogen. Sie sind gewachsen wie die Äste der Bäume: Mal dünn, mal dick, krumm und mit Verzweigungen. Mit den Häuserveteranen erzählt die Straße ein Stück Geschichte der Stadt, die sich selbst wie ein Mosaik aus zehn Lößnitzgemeinden zusammenfügte. Wobei die einst selbständige Gemeinde Niederlößnitz erst 1839 aus dem gleichnamigen Weinbergverein hervorging. Über die Horst-Vieth-Straße erreiche ich die Obere Bergstraße. Auch hier ein Stück alter Dorfidylle mit Weinbergmauern zur Linken. Dann das Minkwitzsche Weinberghaus - ein zweigeschossiger Bau aus dem Anfang des 18. Jahrhunderts. Ockerfarben verputzt, dunkelgrün die Fensterläden. Neben dem Haus ein laubenartiger Anbau - von wildem Wein überwuchert. Auf dem Weinberg über dem Minkwitzschen Anwesen das einstige Lusthaus aus dem Jahre 1729 - ein achteckiger Pavillon mit Walmdach und Wetterfahne.

Die Waldparkaussicht unterhalb des Wasserturms. Im Schatten der Bäume lädt eine Bank zum Verweilen ein. Sonnenstrahlen huschen durch das dichte Blätterdach über mir. Zur Stadt hin ist der Blättervorhang aufgezogen und gibt den Blick auf das weite Elbland frei. Das Rot der Dächer und Grün der Gärten und Parks ist gerahmt vom Blau der Ferne. Mit ihm gezeichnet ist auch die Silhouette der Höhen am jenseitigen Elbufer.

Ich denke zurück. Da war der Augenblick, als ich auf der Jägerstraße die Stadt unter mir ließ und zurückschaute. Zur Linken ein Weinberg. Momentaufnahmen aus der Erinnerung. Ein Winzerhaus am Wegesrand. Villen und Gärten im oberen Teil der Jägerhofstraße und entlang der Jägerstraße. Ein Abstecher auf fast vergessenen Winzerwegen. Ein stilles rebenbestandenes Tal. Und jetzt hier schließlich dieses stimmungsvolle Bild unterhalb des Wasserturms.

Weiter geht es entlang der Turmleite. Über Wurzelstufen steige ich dann hinunter zu dem Taleinschnitt, durch den die Moritzburger Straße führt, die ich schon vor wenigen Stunden gequert habe. Abwärts bis zur Einmündung der Mohrenstraße und der Straße Altfriedstein. An der Ecke das sogenannte Mohrenhaus. Unter dem Besitzer Ludwig Pilgrim weilten hier oft die Romantiker Ludwig Tieck, Jean Paul und Carl Maria von Weber. Mein Weg und die Romantik vergangener Tage führen mich weiter die Moritzburger Straße abwärts, bis ich dann in den Professor-Wilhelm-Ring einbiege. Vor mir das Haus Altfriedstein gleich einem Dornröschenschloß. Wohl fehlt die Dornenhecke, aber Wege und Garten sind fast vollständig unter Gestrüpp versteckt. Leider! Warum ist niemand da, der gleich dem Prinz im Märchen dieses Haus wieder wachküßt? Es würde sich lohnen. Trotz des maroden Zustandes ist die alte Schönheit noch erkennbar. Ein ziegelgeschupptes Dach über dem ockerfarbenen Wams. An den Rundbogenfenstern am Giebel unter dem großen Glockenturm ein Relief mit Trauben- und Weinlaubmotiven. Im Schatten großer Bäume träumt das Haus von vergangener Weinbergherrlichkeit. Auf der anderen Seite der Straße eine mächtige Mauer, von Nischen gegliedert und einem großen Portal unterbrochen. Sieben Dutzend

Stufen, die einst direkt in den Weinberg hineinführten, bringen mich zur Straße Altfriedstein, weiter aufwärts dann entlang der Mohrenstraße und der Straße „Auf den Ebenbergen". An ihrem Ende liegt die Volkssternwarte. Ein Blick von hier oben ins Tal. Spielzeugklein jetzt unter mir Schloß Wackerbarth.

## Die Oberlößnitz

### *Weinfest und Winzerumzug*

*Hier ist der Ort - dem Wein geweiht:*
*Hoflößnitz blieb behütet durch die Zeit ...*

*Der Kurfürst ließ sich hier zum Feiern nieder,*
*d´rum heute noch - und heute wieder*
*ist dieser Ort ein Ort der Feste;*
*gegrüßet seien alle Gäste ...!*

Sommerhitze lastet über dem Elbtal. Nur ein leichter Lufthauch geht wie ein Atmen durch die Zweige. Des Sommerflieders Dolden wiegen sich im leichten Wind. Schwankender Landeplatz für unzählige Schmetterlinge, flatternd von Dolde zu Dolde. Es ist ein ständiges Kommen und Gehen. Die Pfauenaugen haben heute Wandertag. Zwei Kohlweißlinge mittendrin. Nebenan an der Malve drängeln sich beleibte Hummeln an den Staubgefäßen vorbei bis zum Blütenboden. Eleganter meistern die Bienen die schwierige Passage. Des Nektars Sommerschlußverkauf hat schon begonnen. Und wie die Schmetterlinge, Bienen und Hummeln den Nektar, so sammeln jetzt auch die Trauben am Rebstock Zucker und Sonnenschein - sie wachsen und reifen.

Im August wird noch einmal mit der Motorsense dem Unkraut im Weinberg zu Leibe gerückt. Die Rebstöcke werden gegipfelt. Ansonsten aber kann der Winzer jetzt einmal ein bißchen verschnaufen, bevor dann im September die Weinlese beginnt. So ist auch einmal Zeit für den Winzerumzug und das traditionelle Weinfest am letzten Augustwochenende in der Hoflößnitz.

Wie immer beginnt der Winzerumzug an der „Goldnen Weintraube". Bereits Ende des 18. Jahrhunderts ist diese Gaststätte hier inmitten des ehemaligen Weinberggeländes auf dem sogenannten „Hutterschen Weinberg" entstanden. Doch nicht nur vom Namen und der Geschichte, sondern auch vom Angebot und vom Ambiente her, besitzt diese Gaststätte einen sehr engen Bezug zum Lößnitzwein. So genehmigen wir uns hier noch einen Schoppen, um die Wartezeit zu verkürzen und da es nach langen heißen Tagen gerade heute angefangen hat zu regnen.

Dann ist es soweit. Der Umzug beginnt. Allen voran die deutsche Weinkönigin 1996/97, Ines Hofmann, einen großen mit Wein gefüllten Pokal schwenkend. In ihrer Begleitung der Bau- und Bergschreiber Knohll, alias Herbert Graedtke - Schauspieler an den Radebeuler Landesbühnen. Dann folgen zwei Winzer als Constabler mit Heroldstäben. Farbenfroh und vielgestaltig sind auch die folgenden Bilder: Bacchus auf dem Faß reitend, Josua und Kaleb mit der übergroßen Traube, Kapelle und Kutschwagen, Küfer mit Lederschürzen über den weißen Hemden und Bundhosen, Böttcher und Büttenträger, Winzer und Winzerinnen die Karsthacke geschultert bzw. den Korb mit Blumen und Trauben in der Hand. Unter Rufen und Lachen bewegt sich der Zug hinauf zum Haus Hoflößnitz.

Der Winzerumzug und das Weinfest hier sind ein Erlebnis mit vielen Facetten und zudem eine Veranstaltung mit großer Tradition, fand doch hier auch der Winzerumzug von 1840 statt. Im Hof des ehemals kurfürstlichen Weingutes herrscht bald ein buntes Treiben. Wein wird ausgeschenkt. An anderen Ständen werden alte Handwerkskünste vorgeführt. In sommerlichem Weiß und Bunt der Chor. Wein- und Volkslieder erklingen, auch Bänkelgesänge. Dazu ein Schoppen Wein - ein Gespräch mit Freunden auf harten Bänken hier im Garten. Aber je härter die Bänke, desto besser oft die Stimmung. Solche Stunden sind wie ein Geschenk.

## *Das Weingutmuseum Hoflößnitz*

Die sonnigen Heidesandterrassen des Elbtalkessels hier in der Oberlößnitz waren es, auf denen die Bauern schon im 13. Jahrhundert mit dem Weinbau begannen, auch Weidewirtschaft und Bienenzucht wurden hier betrieben. Kaum ein Fremder verirrte sich hier her. Die vorzügliche Eignung des Bodens für Rebkulturen und der besondere Reiz dieser heiteren Heidelandschaft weckte bald das Interesse der Meißner Markgrafen und Bischöfe und ab dem 16. Jahrhundert dann des Dresdner Hofes. Die Lößnitz wurde zu einem Zentrum des Weinbaus und ist es noch heute. Über die wechselhafte Geschichte, die Traditionen und die Bedeutung des Weinbaus hier in Sachsen und noch vieles mehr, kann man sich in dem heutigen Weingutmuseum Hoflößnitz informieren. Interessant ist es vor allem aber auch, einen Blick in die Vergangenheit dieses traditionsreichen Hauses zu werfen - der auch ein Blick in die Geschichte des Weinbaus des Landes Sachsen und insbesondere der Lößnitz ist.

Die Markgrafen und Bischöfe von Meißen förderten den Anbau von Reben in diesem Gebiet. Urkunden aus den Jahren 1218, 1271 und 1286 bestätigen Weinbergbesitz in der Kötzschenbrodaer Flur und in der Lößnitz für das Kloster Altzella bei Nossen, sowie für die Bischöfe und Markgrafen von Meißen.

Die eigentliche Weingutanlage in der Lößnitz wurde 1401 durch den Markgrafen Wilhelm I. von Meißen mit dem Erwerb burggräflich-dohnaischer Weinberge begründet und entwickelte sich in den Jahrhunderten danach zum Zentrum der Verwaltung und Bewirtschaftung der kurfürstlichen Weinberge. Baumpresse, Sonnenkompassäule und Wasserhäuschen gehörten zu den ersten Baulichkeiten auf der kleinen Erhöhung am Fuß des steilen Berghanges. Der in den herrschaftlichen Bergen angebaute Wein wurde mit Bütten und Fuhrwerken in den Hof gebracht und dort gekeltert. Die Haltung von Kühen und das Lagern von Holz dienten ebenfalls der Bewirtschaftung des Weinlandes. Auch nach der Fertigstellung des Berg- und Lusthauses im Jahre 1650 änderten sich die Verhältnisse in den Außenanlagen und das Geschehen im Hof kaum. Die dem Jahresrhythmus folgenden Arbeiten bestimmten das Leben der ansässigen Winzer und des Bergverwalters. Zu den jährlichen Höhepunkten gehörten die Festlichkeiten des kurfürstlichen Hofes zum Zeitpunkt der Weinlese.

Der kurfürstliche Weinbergbesitz, der im 16. Jahrhundert noch über größere Entfernungen verstreut lag, wurde insbesondere unter den Kurfürsten Georg I., Georg III. und unter König August dem Starken durch Kauf und Tausch vermehrt und in der Hoflößnitz konzentriert. Das erste nachweisliche Verzeichnis der zur Hoflößnitz gehörenden „Kurberge" stammt aus der Regierungszeit des Kurfürsten Moritz von Sachsen, aus dem Jahre 1547.

Die unter Kurfürst Christian I. am 23. April 1588 erlassene „Churfürstliche Sächsische Weinbergs-Ordnung" leitete, wie bereits an anderer Stelle erwähnt, eine Reihe von Maßnahmen zur Verbesserung des Weinbaus ein. Zu den Reformen gehörten neben der Erweiterung der Weinbergsordnungen, die Umgestaltung von Weinbergen nach „württembergischer Art", das Zusammenführen von kurfürstlichen Weinbergen und der steuerlich-rechtliche Schutz des Sachsenweines.

Ab dem Jahre 1615 war der Amtssitz des von den Kurfürsten eingesetzten Bergverwalters für alle „Kurberge" in der Hoflößnitz. Nach dem Buch von Dr. J. Merkel „Erdbeschreibung von Kursachsen ..." gehörten dazu, außer dem Elbtal von Zadel bis Pillnitz, auch die Gebiete von Moritzburg bis Senftenberg und auf dem linken Elbufer der Abschnitt von Meißen bis Cossebaude, Leuteritz, der Plauensche Grund und Döltzschen. Als Besitz der Kurfürsten werden aber auch Fluren bei Naumburg, Weißenfels, Freyburg, Merseburg, das Revier am Schloß Lichtenburg in Prettin und ebenso Gebiete bei Pretzsch, Jessen, Kreischau, Belgern, Mühlberg, Süptitz, Wittenberg und Belzig genannt.

Zur Unterstützung der Arbeit des Bergverwalters wurde 1655 in der Hoflößnitz Johann Paul Knohll eingesetzt. Er ist der Verfasser des „Klein Viniculturbüchlein" von 1667.

In dieser Zeit - genau 1650 - wurde auch das Herrenhaus des kurfürstlich-sächsischen Weingutes fertiggestellt. Es war der erste größere Profanbau in der Lößnitz nach dem Dreißigjährigen Krieg und wurde im Auftrag Georg I. von dem Baumeister Ezechiel Eckhart errichtet. Die reiche Ausstattung des Obergeschosses mit Holzwandtafelmalereien und Deckengemälden in allen fünf Räumen entstand in den folgenden Jahren unter Johann Georg II. Von besonderem Reiz sind die achtzig Darstellungen brasilianischer Vögel an der Kassettendecke im Festsaal. Sie werden dem niederländischen Maler Albert van Eyckhout zugeschrieben, der an einer Expedition in das Amazonasgebiet teilgenommen hatte.

Mit dem Niedergang des Weinbaus wurde das Anwesen Hoflößnitz 1889 in Privathand verkauft. Mehrfach wechselten die Besitzer. Verschiedene Änderungen an dem Bau wurden durchgeführt. Insbesondere das eigentliche Weinberghaus wurde teilweise stilwidrig umgebaut. Um diesen Veränderungen der historischen Bausubstanz Einhalt zu gebieten, erfolgte 1912 die Gründung des Hoflößnitzvereines. Die Hoflößnitz und das zugehörige Weinberggelände wurden gekauft und die durchgeführten Umbauten fast vollständig rückgängig gemacht.

*Die Hoflößnitz - das ehemals kurfürstlich-sächsische Weingut*

Nach Konkurs des gemeinnützigen Vereines trat die Gemeinde Oberlößnitz, 1935 in die Stadt Radebeul aufgegangen, als Käufer der Hoflößnitz auf. Das einstige kurfürstliche Berg- und Lusthaus wurde Stadtbesitz und ist es noch heute. Als Museum wird das Anwesen seit 1924 genutzt. Auch die Weinbauversuchs- und Lehranstalt und der Landwirtschaftsrat Carl Pfeiffer, der Pionier der Wiederaufrebung, fanden hier zeitweilig ein Zuhause. Am 9. Mai 1938 wurde in der Hoflößnitz die Sächsische Winzergenossenschaft Meißen gegründet. Von 1935 bis 1949 war hier der Sitz des Stadtweingutes Radebeul. Der Komplex des Anwesens umfaßt außer dem Berg- und Lusthaus, das Kavaliershaus, ein größeres und ein kleineres Wohnhaus sowie ein Wirtschaftsgebäude. Besucht der Gast die Hoflößnitz heute, kann er im Berg- und Lusthaus eine ständige Ausstellung zur Entwicklung des Weinbaus in der Region von den Anfängen bis zur Gegenwart erleben.

Wechselnde Sonderausstellungen, museums- und weinbaubezogene Publikationen gehören im Kavaliershaus der Hoflößnitz zum Verkaufsangebot. Mit museumspädagogischen Veranstaltungen ist man zudem bemüht, dem Besucher eine enge Beziehung zur Landschaft und den Menschen der Lößnitz zu vermitteln. Eine jährliche Kammermusikreihe, monatliche thematische Weinproben, die Hoflößnitzer Weinfachtagung und das Hoflößnitzer Weinfest gehören unter anderem zum Weinjahr in der Hoflößnitz. Abschließend kann der Besucher seinen Aufenthalt mit einem Gang durch die Weinberge und einem Gläschen des edlen Rebensaftes in der Schoppenstube krönen.

Das ehemals kurfürstlich sächsische Weingut ist aber heute noch als Gesamtanlage erlebbar. Seine ursprüngliche Bestimmung, der Anbau von Reben und die Kelterung der Trauben, wird auch in der heutigen Zeit wieder durchgeführt.

Bis 1949 bestand hier das Weingut der Stadt Radebeul. An diese Tradition knüpft nunmehr nach fünfzig Jahren das Weingut Hoflößnitz wieder an. Derzeit sind sieben Hektar um die Hoflößnitz und am Paulsberg in Zitschewig in der Weinberglage Johannisberg in Bewirtschaftung. Als erster wieder selbst gekelterter Wein konnte der Jahrgang 1998 vorgestellt werden. Ein wirklich hoffnungsvoller Neubeginn!

## *Das Spitzhaus und der Goldene Wagen*

Unmittelbar hinter dem Haus Hoflößnitz beginnen die Weinberge. Der Schlußstein des Eingangsportals zu dem Weinberg zeigt einen goldenen Wagen und die Jahreszahl 1710. Das für die Weinberglage namensgebende Relief, soll wahrscheinlich sinnfälliger Ausdruck der reichen Ernten sein, welche von hier abgefahren wurden. Oder hat das goldene Gefährt mit der aus der Antike entlehnten Gestalt des Wagenlenkers und der übergroßen Traube noch eine zweite mir nicht bekannte Deutung? Steil sind die Stufen der großen Treppe, die ich emporsteige; schweißtreibend an einem Sonnentag wie heute. Eine kleine Lektion zu der Schwere der Arbeit der Winzer hier am Steilhang. Dreihundertfünfundsechzig Stufen sollen es, so sagt der Volksmund, bis hinauf zu den Höhen der Lößnitz sein. Doch ganz stimmt das nicht, so verrät die Inschrift unten an der dreiunddreißigsten Stufe. Damit der Volksmund Recht behält, wird künftig erst ab hier gezählt, steht dort zu lesen. 1747 bis 1750 wurde diese Treppe nach Plänen des Zwingerbaumeisters Pöppelmann angelegt. 1992, in Verbindung mit der Weinstraßeneröffnung, erfuhr sie eine umfassende Rekonstruktion. An dem Anfang des zwanzigsten Jahrhunderts errichteten Bismarkturm vorbei führt mein Weg dann auf der Höhe zum Spitzhaus. Die Geschichte dieses Hauses ist auf das Engste mit dem Weinbau verbunden. Der Vorgängerbau, das sogenannte „Hohe Haus" - damals fehlten noch die Flügelanbauten, - wurde 1622 als Weinberghaus errichtet. Während der Regierungszeit Christian I. im 17. Jahrhundert erweiterte man den Bau. Er erhielt eine heutige rechteckige Grundfläche und wegen des zugespitzten Turmes den Namen Spitzhaus.

Das Spitzhaus wechselte damals seine Besitzer, wie der Kurfürst seine Mätressen. Schließlich erwarb das Haus die Gräfin Cosel. Rauschende Feste fanden hier statt und wenn die alten Mauern erzählen könnten, wüßten sie auch von manchem Stelldichein und zärtlichen Geheimnis zu berichten. Nicht lange aber blieb das Spitzhaus Eigentum der Gräfin Cosel, denn schon nach kurzer Zeit übereignete sie es ihrem großen Gönner, August dem Starken, der es als Lusthaus nutzte. Fremde aus aller Herren Länder, Fürsten und Könige besuchten das Spitzhaus. Kaiser Joseph II., König Karl von Frankreich und viele andere nennt das alte Gästebuch. Doch diese großen Zeiten gingen wie der Weinbau mit dem 19. Jahrhundert zu Ende. 1889 wurde das Spitzhaus an einen Kaufmann veräußert und 1900 das Schankrecht erworben. Ein Jahr später begann man mit den Flügelanbauten - das Spitzhaus entstand in seiner heutigen Form. Aus dem ehemaligen Weinberghaus, dem späteren kurfürstlichen Lusthaus, entstand eine der beliebtesten Ausflugsgaststätten auf der Lößnitzhöhe.

## *Entlang der Weinbergstraße*

Begriffe wie „altes Haus“ oder „fideles Haus“ benutzt man im übertragenen Sinne für uns Menschen. Und da solcher Vergleich nicht unüblich, möchte ich hierzu ergänzen. Geschwister sind oft sehr unterschiedlich, eines aber haben sie immer gemeinsam - die Eltern. So mag es auch bei den oft ungleichen Geschwistern der Lößnitzbaukunst sein. Abgesehen von den meist vorhandenen abgewalmten Ziegeldächern und den Turmaufbauten ist es eigentlich kein einheitlicher Baustil. Es ist also nicht unbedingt das vergleichbare Äußere, die gleiche Wesensart, sondern die gemeinsame Herkunft, welche diese Bauweise prägt. Ein Gedanke - ein Vergleich, der sich mir aufdrängt, als ich über den Eggersweg, vom Spitzhaus kommend, die Weinbergstraße entlang gehe. Hier treffe ich eine Reihe hochbetagter Pensionäre - Weinberghäuser im Ruhestand. Die Weinberge sind ihnen wie die Jugend entrückt. Die Erinnerung aber ist geblieben mit alten Rebstöcken in den Vorgärten oder am Spalier.

Ältestes in dem illustren Kreis der alten Weinberg- und Herrenhäuser ist das Bennoschlößchen - wahrscheinlich schon um 1600 errichtet. Ehemals bischöflicher Herrensitz. Trotz beträchtlicher zeitlicher Differenz - der wundersame Meißner Bischof Benno starb bereits Anfang des 12. Jahrhunderts - bringt der Volksmund dieses Haus mit ihm in Verbindung. Oder ist das des Bischofs spätestes Wunder? Jedenfalls gab er dem Haus und der parallel zur Weinbergstraße verlaufenden Straße seinen Namen. Das Haus scheint sich seiner Würde bewußt, hochstapelt mit seiner Vergangenheit, nennt sich Schlößchen, kokettiert mit seinem Alter, wie mit den protzigen Voluten- und Zwerchvolutengiebeln auf seinem zweigeschossigen Bau. Alter sucht zuweilen das Alleinsein oder besser die Besinnlichkeit. So steht das Bennohaus etwas abseits, genau zwischen der Weinberg- und der Bennostraße. Von hier führt mein Weg entlang der Weinbergstraße wieder in Richtung Haus Hoflößnitz vorbei an der Villa Friedeborn und dem Haus Hermannsberg. Die Villa Friedeborn soll bereits um 1800 erbaut worden sein. Und wie ich schauend verweile, ergibt sich ein Gespräch über den Gartenzaun und die Einladung: „ Kommen sie nur herein“. Zu dem Alter des Hauses weiß Herr Winter Interessantes zu berichten: „Auf alten handgezogenen Glasscheiben fanden wir die Jahreszahlen 1792 und 1794“. Voller Stolz zeigt er mir dann den alten romantischen Weinkeller.

Das Haus Hermannsberg. Dieser Herrensitz wurde um 1800 anstelle eines Vorgängerbaus errichtet, welcher bereits 1714 zum ersten Mal erwähnt wurde. Vor dem Haus ein Requisit längst vergangener Zeiten - ein Reitstein. Einst diente er den Reitern zum Auf- und Absitzen. Durch eine breite gepflasterte Toreinfahrt betrete ich den Innenhof. Reizvoll der Blick vom Park hinüber zu den Weinbergen.

Dann das Haus Lorenz - ein anheimelnder Bau, schlicht und ländlich mit Holzverschalung und Walmdach - kein Herrenhaus, sondern ein zweigeschossiges Winzerhaus, eingebettet zwischen hohen Bäumen.

Weiter gehe ich die Straße entlang - schreite sie ab der Häuser Galerie, die so voller Poesie und Erinnerung an alte Weinbergsherrlichkeit.

All diese Häuser scheinen das fröhliche ‚Guten Tag‘, das ich ihnen mit den Augen zuwinke, zu erwidern. Sie stellen sich mir vor mit eigenen beredten Bildern gleich Worten. Ich lausche im Vorübergehen. Verweile auch mancherorts im Zwiegespräch. Meinen Weindurst aber habe ich für das Retzsch-Gut – für die Familie Seifert aufgespart, denn aus Erfahrung weiß ich, hier wird man mit Herzlichkeit und einem guten Wein empfangen.

Das Retzsch-Gut. Massiv das Erdgeschoß. Fachwerk im Obergeschoß. Ein Bau aus dem Jahr 1649, wie die Wetterfahne verrät. Hier, im Retzschgut lebte und arbeitete von 1799 bis zu seinem Tod im Jahre 1857 der bekannte Kunst- und Historienmaler August Moritz Retzsch. Er war Mitglied und später Professor der Dresdner Kunstakademie und schuf die bekannte Darstellung des Winzerzuges von 1840. Solchermaßen kann und will ich Ihnen das Haus und seine Historie beschreiben, nicht aber den Wein, den sollten Sie selbst einmal probieren!

Das Haus Barth. Sein Ursprung bzw. baulicher Kern stammt ebenfalls aus der Zeit um 1650. Der Neubau bzw. die Anbauten sind dagegen von 1845. Auch dieses Haus besitzt ein massives Untergeschoß. Das Fachwerk am Obergeschoß ist überputzt. Voll abgewalmt und ohne Ausbauten das Dach.

An der Ecke Hoflößnitz- und Weinbergtraße das Meinholdsche Turmhaus, im Ursprung ebenfalls schon auf das 17. Jahrhundert zurückgehend. Das alte Gemäuer ist von Weinspalieren bedeckt. In der Mitte obenauf ein turmartiger, zweigeschossiger Dachreiter, bekrönt von einem goldenen Engel mit Traube. Anstelle eines alten Stallgebäudes zur Rechten entstand später ein neues Herrenhaus im italienisierenden Landhausstil. Den Namen erhielt dieses Anwesen von dem ehemaligen Hofbuchdrucker, der das Grundstück 1792 erwarb. In dieser historischen Anlage befindet sich heute das Weingut Friedrich Aust. Die derzeitig bewirtschaftete Fläche von 1 ha soll erweitert und das alte traditionsreiche Weingut zu neuem Leben erweckt werden.

*Meinholdsches Turmhaus*

# Linkselbische Weinbauvergangenheit

## *Cossebaude - die Geburtsurkunde schrieb Bischof Benno*

*Das Pferd, es läuft in seine Tränke,*
*wo ihm der Wassereimer winkt ...*
*Der Mensch hält mehr von dem Geschenke,*
*das ihm der edle Weinstock bringt ...*

*Zu fernen Zeiten alten Sitten*
*ein Domherr zu dem andern spricht:*
*Nach Cossebaude wird geritten,*
*ein Eimer Wein für dich und mich ...!*

Der Sage nach soll der wundersame Bischof Benno bereits Ende des 11. Jahrhunderts einen Weinberg in Cossebaude haben anlegen lassen. War dem so? Bestand damals Cossebaude überhaupt schon? Legenden, offene Fragen, aber nur wenige Antworten, wie immer, wenn der Meißner Bischof Benno im Spiel ist. Historiker glauben nur das, was schwarz auf weiß belegt ist. Glauben aber müssen die Chronisten von Cossebaude auf alle Fälle an die historische Gestalt Benno, denn die Urkunde mit der offiziellen Ersterwähnung von Cossebaude ist von eben diesem Bischof bestätigt. Dieses Dokument aus dem Jahre 1071 besagt, daß der Ort „Gozebudi", gleich Cossebaude, nebst vier weiteren Orten zu diesem Zeitpunkt in den Besitz der Meißner Kirche überging. In Cossebaude haben wir also außer der hier im Elbtal bei Meißen fast obligatorischen „Benno-Legende" auch dieses als „Benno-Urkunde" in die Geschichte eingegangene Dokument.

Wie dem auch gewesen sein mag: Cossebaude ist über neunhundert Jahre alt, und ungefähr so alt mag auch der Weinbau in diesem Gebiet sein, schenkt man den alten Legenden Glauben. Die Historiker dagegen verweisen auf die urkundliche Ersterwähnung des Cossebauder Weinberges „Liebenecke" im Jahre 1269. Die alte Ortsbezeichnung „Gozebudi" ist slawischen Ursprungs und besagt, daß Cossebaude das Sippendorf der slawischen Familie „Cossobud" war.

Mitte des 13. Jahrhunderts nahm der Weinbau auch in Cossebaude und seiner Umgebung einen großen Aufschwung, davon zeugen die drei zusammenhängenden, im romanischen Stil gebauten Weinkeller des Klostergutes Oberwartha und die tief in den Hang gehauenen Felsenkeller der Winzerhäuser im Cossebauder Grund.

Die Kirche hat sich große Verdienste um den Weinbau im Elbtal erworben, auch wenn es bei manchem der Mönche und Domherren nicht ganz ohne Eigennutz geschah. Ihr Herr und Richter wird es ihnen vergeben haben, denn wohl mit Bedacht hat er den Rebstock erschaffen. Mußten sie deshalb aber den edlen Cossebauder Rebensaft gleich eimerweise trinken? Jedenfalls heißt es in einer Urkunde aus dem Jahre 1311, daß von dem Weinberg der „Portion Kozebude" in jedem Jahr zum Katharinenfest (25. November) an die acht Domherren von Meißen vier Urnen (vier Eimer à 8 Liter) Wein zu entrichten waren, den sie da selbst im Cossebauder Vorwerk vertranken. Sechzehnhundertvier - erst neunzig Jahre nach der Reformation - ging Cossebaude vom kirchlichen Besitz gemäß einer Schenkung des sächsischen Kurfürsten Christian II. an den geheimen Rat Dr. Aichmann über, damit, wie es hieß, er auf württembergische Art Wein anbauen könne. Dr. Aichmann war es auch, der bis 1614 neue Weinberge, die damals bis an den Tännichtgrund reichten, anlegen ließ.

Daß einst in Cossebaude ein guter Wein angebaut wurde, bewiesen nicht nur die unter der Kirchenherrschaft alljährlich vom Meißner Domkapitel durchgeführten Heiligenfeste mit ihrem reichlichen Weingenuß. Auch die sächsischen Kurfürsten, die später von den Erben Aichmanns den Ort erwarben, wußten den guten Cossebauder Wein zu schätzen. Für ihre Weinfeste ließen sie sich das „Alte Herrenhaus" an der Hässigen Straße errichten.

*„Liebenecke"*

## *Bischof Bennos liebste Ecke*

Blütenschwere Zweige schwimmen gleich rosafarbenen Wolken auf dem Himmelsblau, zeichnen weiße Tümpel in das Wiesengrün. Es ist das letzte Wochenende im April. Wir sind mit dem Ersten Sächsischen Weinkonvent in Cossebaude unterwegs. Hier an den Elbhängen, auf dem ehemals kurfürstlichen beziehungsweise königlichen Weinberggelände, blühen schon die Obstbäume.

Nach dem Auftreten der Reblaus im vorigen Jahrhundert, nach der Rodung und dem Verbrennen der Rebstöcke, waren die Cossebauder Berge für den königlichen Hof wertlos geworden. Die ehemaligen Winzer und übrigen Häusler konnten sich für einen nicht zu hohen Preis Gebäude und Land kaufen. Bald entwickelte sich in den Bergen ein neues Leben. Es wurde gehackt und gepflanzt. Das Landschaftsbild veränderte sich fast gänzlich. Obstplantagen prägen heute sein Angesicht. Insbesondere im Frühjahr ist das von besonderem Reiz, wenn der Obstbäume Blütenmeer die Hänge bedeckt. Erfreulicherweise ist aber auch der Weinbau als ein besonderer Farbtupfer in das bunte Bild der reizvollen Landschaft zurückgekehrt.

In Vorahnung des Wonnemonates Mai zeigen die alten knorrigen Rebstöcke schon ihr erstes zartes Grün. Entlang der Weinbergstraße und weiter dann dem Bischof-Benno-Weg folgend, gehen wir hinauf zur Liebenecke - einst eine beliebte Ausflugsgaststätte inmitten der Weinberge. Verschwunden ist hier die alte Weinbergherrlichkeit und seit 1918 birgt auch das Haus keine Gaststätte mehr. Geblieben aber ist der herrliche Ausblick hinüber zu den Höhen der Lößnitz und über das weite Elbtal und Dresden hinweg bis zu den Höhen der Sächsischen Schweiz.

Ein Wahrzeichen vergangener Cossebauder Winzertage ist die Ruine unweit der Liebenecke. 1889 war sie aus Anlaß des 800-jährigen Bestehens des Hauses Wettin in diesem Weinberg errichtet worden. Was damals gewollt, ist heute nur noch schwer nachzuvollziehen. Die Ruine sollte der heiteren Weinberglandschaft einen Hauch von Romantik und südlichem Flair verleihen. Diese Zeit und solche Gedanken sind uns entrückt wie auch die Rebhänge der Ruine.

„Aufgrund der dominanten Lage ist heute in der Ruine eine Station der Telekom untergebracht. Vorher hatte der Fernsehfunk hier eine Relaisstation" erklärt Herr Wlokka, der heutige Besitzer des Anwesens. Vor der Vermietung hat er aber eine hier angebrachte Tafel mit einer gereimten Bennolegende in seinem Haus in Sicherheit gebracht. Diese Tafel dürfen wir anschließend betrachten. Sie berichtet, daß der wundersame Meißner Bischof Benno bereits Ende des 11. Jahrhunderts hier habe einen Weinberg anlegen lassen. Die entsprechenden Verse sind von Eduard Dietrich und stammen von einer Postkarte, die schätzungsweise um 1915 in Umlauf kam. Inspiriert von dem edlen Tropfen soll der Heilige - so das Gedicht - im Gebet die Worte formuliert haben:

*„Gott geb´s, daß ich noch lange schmecke*
*den Wein von meiner lieben Ecke."*

Wahrlich, uns schmeckt der Wein noch heute. Um das festzustellen, haben wir anschließend bei einer kleinen Verkostung Gelegenheit. Zuerst probieren wir einen Müller-Thurgau. „Cossebauder Bauernberge" ist als Lagenbezeichnung auf dem Etikett angegeben. Wolfgang Trapp, der Vorsitzende der Weinbaugemeinschaft Cossebaude/Merbitz zelebriert die Weinprobe.

Wahre Glücksmomente - so zu sitzen, so zu schauen und den Wein im Glas. Doch ein bißchen Nachdenklichkeit schwingt mit. Ab und an wandert mein Blick hinüber zur Ruine und meine Gedanken bewegen sich von der Blütezeit des Weinbaus bis zu seinem Niedergang. Wie konnte der Weinbau hier erhalten werden? Hat er hier in den linkselbischen Tälern überhaupt noch eine Perspektive? Um diese Frage zu ergründen, sind wir anschließend mit Herrn Trapp und den Hobbywinzern Heinke und Uhlmann weiter im Gespräch und unterwegs. Herr Trapp erzählt: „Herbert Freund, mein Vorgänger als Vorsitzender der Weinbaugemeinschaft, hat vieles an Fakten über den Weinbau in Cossebaude zusammengetragen. Nur so kann ich die Frage nach dem Fortbestand beziehungsweise der Wiederbelebung des hiesigen Weinbaus beantworten." Er berichtet uns weiter, daß es um die Jahrhundertwende in Cossebaude nur noch den Weinberg der Familie Scholze und in Leuteritz den Weinberg der Familie Zietzschmann gab. Von letzterem zeugt heute nur noch das alte Weinberghäuschen. Weiterhin bestand damals noch der Weinberg der Familie Welde in Merbitz so wie dort auch einige wenige kleinbäuerliche Rebhänge. Der Merbitzer Winzer Erich Welde, ein Schüler Carl Pfeiffers in Radebeul, war zudem maßgeblich an dem Anbau der ersten Pfropfreben beteiligt. „Er ist mit 93 Jahren das älteste Mitglied unserer Weinbaugemeinschaft, aber gehört noch lange nicht zum alten Eisen," betont Wolfgang Trapp und fügt hinzu: „Wein hält eben gesund!" 1967 erfolgte die Gründung der Weinbaugemeinschaft Cossebaude/Merbitz, die heute 41 Mitglieder umfaßt.

Hier am Bischof-Benno-Weg, finden wir anschließend ein Bauwerk, das in seinem Ursprung noch auf die Weinberganlagen des Cossebauder Weinbaupioniers Dr. Aichmann zurückgeht. Es ist jedoch nicht nur insofern im übertragenen Sinne des Wortes eine Quelle hiesiger Weinbaugeschichte. Das alte Bauwerk ist selbst ein Brunnen und faßt tatsächlich eine Quelle, die einst zur Bewässerung des Weinberges genutzt wurde. Wie der alte Brunnen blieb aber hier oben auch der Weinbau erhalten. Vor uns das frische Grün neuer Rebpflanzungen.

Diese Wanderung, diese Gespräche und Erzählungen waren letztendlich der Anlaß, am folgenden Wochenende dem kleinen Ort Merbitz noch einmal einen Besuch abzustatten - alte Erinnerungen aufzufrischen.

Wieder fahre ich durch Cossebaude. Diesesmal geht es die Talstraße entlang. Aus anderer Perspektive sehe ich jetzt den Weinberg an der Liebenecke. Imposant das Bild der im Taleinschnitt sich steil übereinander türmenden Bruchsteinterrassen. Wie eine Wand ragen sie vor mir auf, durchzogen von einer mit großen Quadern ausgelegten Wasserfangrinne. Grün leuchtet das Band der Reben vor den Bruchsteinwänden, die geschwärzt von der Patina der Zeit.

## *Die Merbitzer Bauernberge*

Während in und unmittelbar um Cossebaude der königliche Hof seine Weinberge besaß, gab es in den drei Ortschaften Merbitz, Mobschatz und Leuteritz, deren Namen sich wahrscheinlich von den altsorbischen Personennamen ihrer Gründer ableiten, vor allem kleine bäuerliche Rebanlagen.

Doch auch bei diesen Orten und bei Merbitz zuerst ein Blick zurück in die Geschichte.

Am 24. Juli 1332 werden durch Otto Heide und Otto Lange zu Dohna zwei Talente Jahreszinsen für „villa Merenwicz" = Merbitz bestätigt, die dem St.-Afra-Kloster zu Meißen geschenkt wurden. Diese Schenkungsurkunde ist die Ersterwähnung von Merbitz. 1589 ging der Ort dann in den Besitz des sächsischen Kurfürsten über; ein kleiner Teil war jedoch Eigentum des dem Dresdner Rat gehörenden Maternihospitals. Die Geschichte von Merbitz ist ein Spiegelbild vieler anderer Chroniken des Meißner und Dresdner Landes: Streitigkeiten mit dem Kurfürsten über Wildzäune und Wildschäden, über Steuern und Naturalzinsen. An einen verheerenden Brand im Jahre 1815 erinnert eine Tafel am Wohnhaus der Bauernfamilie Welde.

Merbitz: der Dorfplatz, alte Bauerngehöfte, man spürt nichts von der unmittelbaren Nähe der Großstadt Dresden. Von dem kleinen Bauerndorf führt eine Kirschallee zum Zschonergrund. An dieser Straße außerhalb des Ortes eine Bruchsteinmauer. Fast unvermittelt wächst sie aus dem Feld empor. Einige Bäume und Sträucher dahinter. Ein Blick über die Mauern zeigt eine sonnenbeschienene, rebstockbestandene Berglehne. Plänertafeln geschichtet, zu Mauern getürmt säumen kleine Weinparzellen. Doch der Zugang scheint uns verwehrt, denn das Eingangstor ist zugemauert.

*Eingangstor in den Merbitzer Bauernbergen*

Im Schlußstein des Torbogens entdecken wir die Jahreszahl 1794. Ein Stück weiter gewährt uns schließlich ein großes eisernes Tor den Zutritt in das kleine, von den meisten hier nicht vermutete Weinparadies. Wir steigen einige Stufen hinab, angeschmiegt an die Bruchsteinmauer: vor dem neu aufgerebten Bestand einige alte knorrige Weinstöcke. Wie alt mögen sie wohl sein? Im nahegelegenen Mobschatz soll es jedenfalls auf einer kleinen Restfläche noch einige Rebstöcke geben, die fast einhundert Jahre alt sind. Um die Jahrhundertwende gab es in Merbitz vorwiegend blauen Burgunder. Manche Flächen wurden dann um 1920, teils durch die Reblaus, teils infolge mangelnden Interesses, aufgelassen. Reste von Weinbergmauern erinnern noch daran.

Wohl wesentlich älter als hundert Jahre ist in dieser Anlage die steinerne Türangel, die wir hinter dem alten Schutz- bzw. Wächterhaus entdecken. In dieser Form, durch hohe Bruchsteinmauern parzelliert, gibt es im ganzen sächsischen Anbaugebiet keine zweite Anlage. Vielleicht ist sie in ihrem Ursprung noch auf fränkische Siedler zurückzuführen. Mauern vor Generationen aufgetürmt. Die Zeit kam und riß sie nieder. Ein Teil wurde neugesetzt und ausgebessert, blieb uns erhalten: ein Weinbaudenkmal besonderer Art, eine Insel mit Namen: „Es war einmal".

# Auf den Spuren des Weinbaus in Dresden

## *Rebstöcke einst auch am Zwinger*

*Du kannst in jungen Jahren*
*so viel vom Wein erfahren -*
*und weißt in alten Tagen*
*so viel vom Wein zu sagen …*

Eine stilisierte weiße Traube auf braunem Grund. Buchstaben, in gleicher Weise abgebildet, reihen sich zu dem Wort „Sächsische Weinstraße". Es mag schon kurios erscheinen, wenn man mitten im Straßengewirr der sächsischen Metropole eine Tafel mit dieser Aufschrift findet. Aber auch für diese „vinologische Fata Morgana" gibt es eine rationale Erklärung. Will man doch damit die Weinstraßentouristen von den Rebhängen der Lößnitz zu dem Pillnitzer Königlichen Weinberg leiten. Und das geht so und umgekehrt auf kürzestem Weg eben nur durch Dresden.

Es gibt viel Schönes und Besonderes für den Fremden in Dresden zu entdekken, aber ebenso oft selbst für den Einheimischen. Wieviel mehr aber noch für den, der sich mit der Vergangenheit der Stadt beschäftigt. Man findet Dinge, die man heute kaum für möglich hält. Oder wußten Sie zum Beispiel, daß es sogar in der Nähe des heutigen Ostrageheges früher einen Weinberg gab und selbst in den Gärten am Zwinger einst Wein gedieh?

So gibt es also für das Vorhandensein der eingangs genannten Tafel und ebenso ihrer anderen Schwestern mitten im Häusermeer von Dresden, außer dem Erfordernis der Wegeleitung, vor allem auch noch eine historische Begründung.

Manches aber - und so eben auch beim Weinbau - ist vergangen, scheint vergessen und schier nicht mehr zu finden; vielleicht nur noch Details, alte Dokumente, Sagen und Legenden oder die Erinnerung.

Bereits um das Jahr 1000 entstand in Leuben, dem heutigen Stadtteil im Südosten Dresdens, ebenso wie in Woz, Briesnitz und Pesterwitz der Sitz eines Burgwards - ein fester Stützpunkt zur Beherrschung des slawischen Gebietes. Erst um 1206 wurde dagegen das Dorf Dresden zum ersten Mal urkundlich erwähnt. Es muß damals noch eine sehr bescheidene Ansiedlung am sumpfigen, wasserreichen linken Elbufer gewesen sein. Zu diesem Zeitpunkt besaß Meißen schon Stadtrecht und der Weinbau war hier bereits bekannt. Und auch im ehemaligen Burgwardsitz in Leuben, der zwischenzeitlich den Zisterziensermönchen übereignet worden war, genoß man bereits Wein, wobei man den Weinen aus Zadel den Vorzug gegenüber den Weinen aus dem benachbarten Sobrigau gab.

Später begann man dann auch unmittelbar vor den Toren des zur Stadt herangewachsenen Dresdens mit Weinbau. So werden in einer Chronik von 1480 vierzehn kleinere Weinberge erwähnt, die sämtlich im Gelände „am Tatzberg", also zwischen dem Ziegelschlag, dem östlichsten Stadtausgang, und dem Trinitatisfriedhof gelegen haben. Daniel Wintzenberger, Postreiter und Chronist am Ende des 16. Jahrhunderts, berichtet in seiner Schrift: „Lobspruch der Löblichen und Weltberühmten Churfürstlichen Stadt Dresden" sogar davon, daß neben spanischen, französischen, Ungarn- und Rheinweinen man von einheimischen Weinen vornehmlich auch „Datzberger“ (Tatzberger) am sächsischen Hofe trank.

Ein Plan der Umgegend von Dresden nach einer Handzeichnung im königlichen Hauptstaatsarchiv aus dem Jahre 1575, zeigt Weinberge aber auch eingangs des Plauenschen Grundes, beim Dorf Mickten und den „Jungk Hans“ Weinberg zwischen Pieschen und Alten Dresden. Weinberge gab es zudem auch in Kleinpestitz, Merbitz und Mobschatz sowie Cossebaude und weitere Weinberge direkt im Plauenschen Grund und bei Pesterwitz. Aber auch auf anderen Ländereien, die heute genauso längst zum Stadtgebiet von Dresden gehören, so in Trachau, in Trachenberge, am Wilden Mann, am Heller und in Klotzsche wurde damals ebenfalls Wein angebaut. So wollen wir anschließend auf diesen Spuren des Weinbaus in Dresden unterwegs sein.

## *Der Wilde Mann*

*Es wird ein wilder Mann beim Weine zahmer,*
*und zahme Menschen kommen recht auf Touren …*
*So werden beide einfühlsamer;*
*der Wein verändert die Naturen!*

Weinbau gab es einst auch in Trachau - lang´ ist es her. Die Straße und der Dorfplatz Alttrachau heute - Fachwerkfassaden alter giebelständiger Bauernhäuser, Wein am Spalier, Einfahrten mit großen Torbogen - Dorfidylle nur wenige Schritte von der Großstadt. Mancher von den Alten kann hier noch „von damals“ erzählen, als die Bauernwirtschaften noch betrieben wurden, als noch, wenn auch im bescheidenen Umfang, hier Wein angebaut wurde. Zu den Alten zählt Jörg Jenichen wahrlich nicht, aber er ist in Trachau aufgewachsen - kennt manches „von damals“ noch aus eigenem Erleben oder zumindest vom Erzählen. „Mit Wein bin ich groß geworden“, sagt er von sich. Wen wundert es, wenn man weiter erfährt, daß sein Großvater „Wein-Emil“ genannt wurde und dieser hier in Trachau einen Ausschank hatte. Jedes der alten Häuser im ehemaligen Dorfkern von Trachau hat noch sein eigenes, unverwechselbares Gesicht und seine eigene Geschichte. Da ist das kleine Häuschen aus dem Jahre 1734 mit der Inschrift: *Klein aber mein.* An dem Türgewände eines anderen Hauses ist noch eine Flutmarke aus der Zeit vor der großen Flußregulierung zu sehen. Wir erreichen den Trobischhof. Jörg Jenichen erinnert sich: „Dieser Hof gehörte der reichsten Bauernfamilie von Trachau. Sie stiftete auch das Land für den Bau der Apostelkirche.“ Heute ist hier eine Gaststätte eingerichtet. Im Haus noch ein alter zehn Meter tiefer Brunnen. An den Wänden historische Bilder von Trachau und Weinlaubmotive als Erinnerung an vergangene Zeiten. Die ehemalige Weinlaube im Obergeschoß ist als Weinstube ausgebaut.

Von der Gaußstraße, der ehemaligen Viehtreibe, weiter dann entlang der Aachener Straße fahren wir zur Schützenhofstraße. Hier sind noch angrenzend an die Heidesandterrasse die alten Weinberganlagen erkennbar, auch wenn sie heute eine andere Bepflanzung bzw. Bebauung tragen.

Weiter auf den Spuren des Dresdner Weinbaus sind wir anschließend bei dem Wilden Mann in Trachenberge zu Besuch.

An dem Haus Döbelner Straße Nr. 110 verrät eine kleine Tafel, daß hier von 1680 bis 1934 das Weingut Wilder Mann gestanden hat. Ich steige den Hang empor, der sich dahinter erstreckt. Wo sich jetzt eine Kleingartenanlage befindet, gab es einst einen Weinberg. Jörg Jenichen, mein sachkundiger Begleiter am heutigen Tag, ist schon voraus gegangen.

Mit langen Schatten kommt der Abend. Der Großstadtlärm ist verebbt. Augenblicke der Besinnlichkeit. Menschenleer um diese Zeit die Wege. Ich versuche mir vorzustellen, wie damals hier wohl alles ausgesehen haben mag, als Weinberge noch die Hänge bedeckten, oder gar noch früher, als ringsum noch Wald. Erlesenes und Gehörtes fügen sich zu einem phantasievollen Bild. Und ich träume mir den herbei, der das noch vom eigenen Erleben kennt. Kräftig von Gestalt. Verschlissen die graue Kutte. Das Gesicht gerahmt von Bart und wallendem Haar. Und im Spiel der Gedanken glaube ich, ein leichtes Schaudern fährt mir mit kalten Fingern über den Rücken. Wache ich oder träume ich? Ist da nicht ein böses Funkeln in seinen Augen? Vielleicht, weil er gestört wurde in seinem schon Jahrhunderte dauernden Schlaf. Doch seine Vorstellung ist zu meiner Überraschung betont korrekt: „Einsiedler war ich. Bin heute sozusagen Taufpate - Namensspender für diesen Teil der Stadt." Und er fährt fort: „Man nannte mich Wilden Mann, weil ich hier lebte - weil ich anders war als all die Spießer und Perückenträger!" Unwillkürlich habe ich mich bei der Vorstellung erhoben. Doch er bedeutet mir, wieder Platz zu nehmen: „Laß diese Förmlichkeiten, mein Sohn! Sage mir, weshalb du mich gerufen - frage, was du zu wissen wünschst!" Und so erkundige ich mich nach dem Ursprung des Weinbaus in dieser Gegend.

„Eigentlich war das nach meiner Zeit, aber man hat sich ja auch danach interessiert, was hier im Lande geschah," sagte er. Und nach einer Pause des Nachdenkens beginnt er zu erzählen: „Bereits vor fünf mal hundert Jahren begann man hier mit dem Weinbau. Die ersten Weinbauern waren die Mönche des Augustiner-Klosters der Dresdner Neustadt. Der Wald, in dem ich einst lebte, wurde gerodet. Bereits im 17. Jahrhundert waren dann alle Hänge am „Alten Trachenberge" urbar gemacht. In dem am Fuß des Berges gelegenen Weingut, das man nach mir benannte, schenkte man Wein aus. Allerdings, daß man eine Figur mit Keule und einem kindischen Rebblattschurz, die mich darstellen sollte, wie eine Wache an den Eingang stellte, fand ich albern." Nachdenklich fügt er hinzu: „Ist vielleicht auch nicht so wichtig. Der Bart stimmte und so erinnerten sich die Leute wenigstens daran, daß ich einst unseren im Wald verirrten Kurfürsten hier gerettet habe."

Anschließend in der *Weinbergbaude.* Eine fröhliche Runde sitzt hier beisammen. Und nach einem Schoppen Elbling gehöre auch ich dazu.

Zu allen guten Dingen, so sagt man, gehören drei. Das dritte Ziel unserer vinologischen Exkursion auf den rechtselbischen Spuren des Weinbaus in Dresden soll Klotzsche sein.

Quellen haben im allgemeinen und ebenso im übertragenen Sinne des Wortes oft etwas Besonderes und Rätselhaftes, sind doch die einen die direkte Verbindung zu dem geheimnisvollen, verborgenen Inneren unserer Erde, und die anderen, die alten Dokumente und vergilbten Papiere - die Quellen der Überlieferung sind oft die einzige Offenbarung der Geschehnisse längst vergangener und vergessener Tage. So verhält es sich auch mit der Geschichte und der Weinbaugeschichte von Klotzsche.

Von dem einstigen Bauerndorf Klotzsche, dem heutigen Stadtteil von Dresden, berichtet das Rügenbuch, dessen Ursprünge bereits auf das 15. Jahrhundert zurückgehen. Quellen der Klotzscher Geschichte sind aber auch die Amtserbbücher aus der Mitte des 16. Jahrhunderts. Auch vom Weinbau wird darin berichtet. Das alles ist in der Chronik von Kelling aus dem Jahre 1933 nachzulesen.

An einem schwülheißen Sommertag bin ich mit Siegfried Weber hier unterwegs. Von ihm habe ich die Chronik und weitere Angaben zur Geschichte von Klotzsche erhalten.

Die Rebflächen in Klotzsche befanden sich vor allem an den Südhängen oberhalb der Hauptstraße. Vom Schenkhübel aus sind wir dorthin unterwegs. Als wir den alten Wasserturm erreicht haben, sehen wir zur Rechten leicht ansteigend eine Brachfläche: „Hier soll es einst Weinberge gegeben haben", so mein Begleiter. Weiter gehen wir dann an der alten Schule vorbei. Einstiger Weinbergherrlichkeit Spiegelbild reicht auch hier in Alt-Klotzsche über die Vergangenheit hinweg noch bis in unsere Tage mit Rebspalieren an den Fachwerkhäusern. Wie Kelling in seiner Chronik berichtet, soll nach Aussagen alter Dorfbewohner hier noch bis Mitte des vorigen Jahrhunderts ein Weinberg bestanden haben. Auch die Kirche mit ihrem gewalmten Ziegeldach und dem mittigen Glockenturm scheint in dieser Dorfidylle und an dem herrlichen Sommertag von vergangenen Zeiten zu träumen. 1811 wurde die Kirche erbaut. Sie erlebte in ihren Jugendjahren noch, wie sich an den sanft geneigten Hängen gegenüber damals nicht nur ein, sondern mehrere Weinberge erstreckten. Doch wie die alten knorrigen Weinstöcke tief im Boden verwurzelt sind, so reicht auch in Klotzsche die Geschichte des Weinbaus noch weiter in die Vergangenheit zurück. Kelling schreibt hierzu in der Klotzscher Chronik: „Ob der in den Urkunden um 1400 und 1405 erwähnte Weinbau ‚In der Glutsch bei Isenberg' auf Klotzsche Bezug hat, ist nicht eindeutig zu ermitteln." Auf alle Fälle muß es aber, wie uns die Amtserbbücher überliefern, im 16. Jahrhundert in Klotzsche Weinbau gegeben haben. So heißt es in den genannten Dokumenten, die der Kurfürst 1546 anlegen ließ, die Frondienste der Klotzscher Bauern betreffend u.a. „...pfäle (Pfähle) oder blanken (Planken) vor (für) die Winberge dri Futer herbeischaffen..." Die Chronik von Kelling berichtet auch, daß es in der ersten Hälfte des 18. Jahrhunderts eine große Anzahl von weiteren Weinbergen in und um Klotzsche gegeben hat. Aus dieser Zeit ist auch das Wirtshaus des „Letzten Heller" bekannt.

Reste der alten historischen Weinschänke oder des dazugehörigen Weinkellers zu finden, sind wir anschließend auf den Hellerbergen unterwegs. Doch spätestens bei der Erweiterung der Autobahnauffahrt bzw. einem dort errichteten Firmenneubau sind wohl auch die letzten Reste verschwunden. So bleibt nur das, was mir Jörg Jenichen bei unserem Bummel durch Trachenberge zu diesem legendären Wirtshaus, das man im Volksmund auch „Hellerschänke" nannte, erzählt hat.

Ausgedehnte Wälder erstreckten sich noch zur Zeit August des Starken angrenzend an die Stadt Dresden und auf den Hellerbergen. So ließ der Kurfürst oft unmittelbar vor den Toren der Stadt zur Jagd blasen. Dabei soll es sich begeben haben, daß er sich im Jagdeifer zu weit von der Hofgesellschaft entfernte. Da kam ihm das Wirtshaus, was unverhofft vor ihm auftauchte, sehr gelegen. Die müden

Füße unter den Tisch gesteckt. Einen Schoppen schnell für den Durst. Ein zweiter und noch mehrere folgten. Dann verlangt der Wirt erst einmal Kasse. Doch mit solch´ profanen Dingen wie Geld gibt sich ein Kurfürst selbst nicht ab. Dafür hat er seine Leute. Doch die sind nicht da. Peinliche Situation. Die eintreffende Hofgesellschaft bringt schließlich die Erlösung. Der Kurfürst soll dann folgenden Spruch dem Wirt nicht in das Stammbuch geschrieben, sondern in die Tischplatte geritzt haben:

*Wenn mancher Mann wüßt',*
*wer mancher Mann wär,*
*gäb´ mancher Mann*
*manchem Mann*
*manchmal mehr Ehr´!*

Die direkt an der Zufahrt nach Dresden gelegene Schänke „Zum letzten Heller" bestand noch bis Mitte der sechziger Jahre als baufälliges Gebäude. Ihr Abriß wurde dann durch einen Besuch Walter Ulbrichts besiegelt. Die Stadtoberen glaubten, ein solch´ marodes Anwesen nicht im Blickfeld des Staatsratsvorsitzenden belassen zu dürfen. Sehr wachsam war aber der Denkmalsschutz. Die Portalsteine und bemerkenswerten Sandsteinfiguren wurden für die Gestaltung des Eingangsbereiches der damaligen Dresdner Weingaststätte „Secundo Genitur" verwandt.

*Sandsteinportal der ehemaligen Schänke „Zum letzten Heller"*

# Hier, wo sich Fluß und Weinbau fanden

## *Gedanken beim Elbhangfest*

*Das Glück erfasse stets beim Schopfe,*
*das Weinglas halte fest am Stiel ...*
*Ein Faß zu leeren, bis es tropfe -*
*das sei für heute unser Ziel.*

Es gab viele gelungene Veranstaltungen zum Dresdner Elbhangfest. Ob August der Starke oder August der Schwache, ob glanzvoller Herrscher oder eine Parodie seiner selbst. Geschmack und Meinungen werden immer verschieden sein. Gelungen war auf alle Fälle das Elbhangfest im Jahre 1994. Ich erinnere mich daran, als wäre es erst gestern gewesen. Schon als Sachsenkönig August der Starke, alias Kammersänger Christian Pötzsch, am Samstagvormittag das Fest eröffnete, brannte die Sonne erbarmungslos vom Himmel. Eine tausendköpfige Menge war vor der Loschwitzer Kirche versammelt und harrte der Dinge, die da kommen sollten. Nach kurzen Ansprachen formierte sich der Festzug und setzte sich dann in Bewegung. Ich denke daran und das Damals wird noch einmal zum Heute.

Der Weg führt von Loschwitz über die Dresdner Vororte und ehemaligen Weindörfer Wachwitz, Oberpoyritz, Niederpoyritz und vorbei an Hosterwitz zum Fliederhof. Allen voran August der Starke, Gräfin Cosel und der Hofnarr Fröhlich, an den Ständen schmausend und probierend. Edelleute, Husaren, Gaukler und Bettler im Gefolge. Entlang der Feststrecke mancher Hofknicks und Kratzfuß.

Genau 300 Jahre war es her, da August der Starke den Thron bestieg. Besondere Huldigungen empfängt heute sein Double im Schloß Pillnitz. Handwerker in historischen Kostümen alter Zünfte überreichen ihm Proben ihres Könnens - Töpfer, Korbmacher, Weber, Puppenmacher, Glaser, Imker und ein Hufschmied. Seine Hufeisenimitation muß August der Starke natürlich unter dem Beifall der Menge, gemäß seinem großen Vorbild, aufbiegen. Einen Beruf hat das Festkommitee wohl vergessen - den Winzer. Doch August der Starke scheint sich zu erinnern, daß seine Liebe neben den Frauen doch dem Wein gehörte. Huldigt ihm kein Winzer, so erweist er doch, gleich den meisten Gästen, dem Wein vom Pillnitzer Königlichen Weinberg seine Referenz. Auch ich gönne mir eine Verschnaufpause nach dem langen Marsch - einen Schoppen im Schatten, ein Gespräch mit Freunden.

*August der Starke und sein Hofstaat beim Elbhangfest*

## *Pirna - wo die Weinstraße beginnt*

*Der Elbestrom, er hat sein Tal sich selbst gegraben,*
*so maßvoll breit, für kleine Dörfer wie für große Städte - Platz zu haben.*
*Gereiht die schönen Orte wie an einer Perlenschnur,*
*sich schmiegend in den reichen Garten der Natur.*

*Und tief grub sich der Strom ins Land,*
*daß man auch steile Hänge fand,*
*auf denen Reben wachsen können und gedeih´n -*
*das edelste Getränk dem Menschen bringt - den Wein.*

Wieviel Bäche und Flüsse bilden die Elbe? Aber nur einer davon, an der Quelle noch unscheinbar und klein, gab ihr den Namen. Labe heißt sie in ihrem Geburtsland Tschechien. Von den Bergen kommend, durch Zuflüsse gespeist und in der Weite der Ebene gewachsen, vereint sich die Elbe bei Mělník mit der Vltava - der Moldau. Von hier über Litoměřice bis nach Velké Zernoseky spiegeln sich in der Elbe die rebenbedeckten Hänge der böhmischen Weinberge. Weiter führt ihr Weg dann nach Norden. Berge türmen sich vor ihr auf. Schlängelnd sucht sich die Elbe ihren Weg durch die bizarre Felslandschaft der Böhmisch-Sächsischen Schweiz, zwängt sich durch enge Täler und durch die schmale Elbpforte, welche die markanten Bergpfeiler von Königstein und Lilienstein bilden.

Ihr Weg führt dann an dem eindrucksvollen Felsmassiv der Bastei vorbei. Ade, du heitere Reblandschaft, möchte man sagen, doch weit gefehlt. Selbst auf der Festung Königstein wurde einst Wein angebaut, wie uns überliefert ist. Hier, wo August der Starke als Ausdruck höfischer Repräsentation im Wettstreit mit dem Kurfürsten der Pfalz 1725 auch das mit knapp 250.000 Litern der Welt größte Weinfaß, das je mit Wein gefüllt wurde, erbauen ließ. Leider ist es nicht einmal hundert Jahre alt geworden. Kundigen Auges findet man auch heute noch in Wehlen die Spuren früheren Weinbaus. Dann werden die Felswände beidseitig des Stromes niedriger und bedecken ihre steinerne Blöße weithin mit Wald- und Buschwerk. Doch noch bevor das Felsmassiv rechtsseitig der Elbe ganz ausläuft, beginnt der Stadtteil Pirna-Posta. Weinanbau findet selbst der Ortskundige hier nur schwer. Doch Mitte des 19. Jahrhunderts schrieb Münnich in seinem Buch „Der Elbestrom" aber: „Oberposta, an den Felswänden sich hinziehend, hat nicht nur längs der Elbe höchst fruchtbare Wiesen, sondern östlich an den Abhängen auch gute Hopfenpflanzungen und westlich selbst Weinberge". Weinberge werden auch für Pirna-Copitz genannt. Geblieben sind hier in den Stadtteilen Posta und Copitz die alten Weinbergterrassen, alte Bruchsteinmauern, die Winzerhäuser aus jener Zeit und an der Postaer Straße Nr. 15 der Weinberg der Familie Schreier. Über gewinkelte Stufen und Stiegen geht es hinauf: Zuerst ein schmaler Terrassenstreifen mit Müller-Thurgau, auf der nächsten Etage Weißer Burgunder und so geht es weiter. Nach 162 Stufen schließlich als Krönung der Gewürztraminer und ein eindrucksvoller Blick über die Elbe hinüber zur Stadt.

1993 schrieb ich in dem Buch „Sächsische Weinstraße" zum Schreierschen Weinberg: „Er ist der einzige, der seine Trauben noch direkt unter den überhängenden Felsen des hier auslaufenden Elbsandsteingebirges reifen läßt - er ist der einzige noch vorhandene Weinberg in Pirna". Doch das hat sich geändert, davon konnte ich mich bei einem Besuch fünf Jahre später überzeugen.

Sandsteinquader zu Mauern getürmt, wohl sechs Meter hoch. Eine schmale Treppe wie eingekerbt in dieses Bollwerk. Die Jahreszahl 1898 und die Initialen „W.R." für Wilhelm Reppe sind sorgsam neben dem Aufgang eingemeißelt. An der nächsten Wand, nach der nächsten Rebterrasse, die gleichen Initialen, aber die Jahreszahl 1899. Die Blöcke wurden aus dem vor Ort anstehenden Sandstein gebrochen, so erklärt mir Herr Zisler, der heutige Besitzer des Weinberges. Mit geometrischer Exaktheit wurden sie an den Berg gesetzt. Mauer für Mauer. Jahr für Jahr. Sechs solche Sandsteinwände - sechs Terrassen bildend. Ganz oben aber der fast zwanzig Meter hohe, teilweise überhängende Fels. Und jede dieser Terrassen eine kleine rebenbestandene Welt für sich, jede mit anderen Aussichten auf Stadt und Strom. Auch mit anderen Einsichten, wenn man schauend verweilt. Dort eine kleine Rasenfläche. Weiter oben ein kleines Gartenhäuschen. Pralle üppige Trauben an dem Rebspalier der Wand. Sommertriebe, die im leichten Wind sich wiegen. Und oben unter den hohen Sandsteinfelsen der unvergleichliche Canaletto-Blick auf das alte Pirna mit seinem Gewirr von Giebeln und Dächern und dem monumentalen Bau der St. Marienkirche.

Aus meinem Notizbuch: Familie Zisler: Postaer Straße 13. 1994 wurde mit dem Wiederaufreben begonnen. Zur Zeit 1200 Rebstöcke. Goldriesling, Müller-Thurgau und Spätburgunder in gleichen Anteilen. Weinverkauf. Ausschank im Weinkeller und im Sommer im Weinberg. Zur Historie: Der Malermeister und Farbenfabrikant Wilhelm Reppe ließ diesen Weinberg in der Zeit von 1898 bis 1902 anlegen. 1906 wurde der Keller und ein Kelterhaus errichtet.

Damals wie heute ergibt sich aber noch ein ungeschriebenes Fragezeichen zum Schluß dieser Notizen. Was veranlaßte einen Mann in dieser Zeit, wo ringsum aufgrund des Reblausbefalls die Weinberge aufgegeben wurden, diese aufwendige Anlage zu bauen. Eben deshalb noch zwei Achtungs- bzw. Ausrufungszeichen hinzugefügt. Zum einen für den, der diesen Weinberg anlegen ließ, zum anderen für die, welche den Weinberg fast hundert Jahre später von Bäumen und Gestrüpp befreiten und für den Weinbau zurückgewannen.

In der Stadt Pirna selbst, die mit ihrem Zentrum unterhalb der Festung Sonnenstein auf der linkselbischen Seite liegt, wird und wurde auch in der Vergangenheit kein Wein angebaut. Die Altstadt von Pirna, teilweise noch an die mittelalterliche Anlage erinnernd, ist aber einen Bummel wert. Hier sind die Gassen noch eng und ohne Lineal gezogen - die Häuserfronten vor- und zurückgesetzt. Die Häuser selbst sind schmal und mit steilen Dächern, andere wieder ausladend breit. Vor allem überraschen die zahlreichen schönen Details: Kunstvolle Erker, reichverzierte Portale und Torbogen mit Hausmarken, stattliche Giebel, verwinkelte Höfe mit Laubengängen und plätschernde Brunnen.

Nach dem Felslabyrinth der Sächsischen Schweiz strömt die Elbe breit und behäbig durch das weite Tal. Von Pirna fließt sie weiter nach Pillnitz, vorbei an den einstigen Weinbauorten Hosterwitz, Niederpoyritz und Wachwitz nach Loschwitz. Erinnerungen, Gedanken, Notizen. Wollen wir den Weg der Elbe einmal auf Bacchuspfaden in umgekehrter Richtung von Loschwitz bis Pillnitz folgen, in die reizvolle Landschaft einmal hineinschauen und uns mit Tradition und Geschichte dieser Orte vertraut machen.

# Loschwitz - eine Galerie voller Poesie und Erinnerung

## *Wieviel Schönheit empfängt das Herz durch die Augen*

Loschwitz. Schmal und steil sind auch heute noch die Straßen, die zur Elbe hinunter führen, kopfsteingepflastert, gesäumt von alten Häusern und Mauern. Die Erinnerung - sie ist das Besondere an Loschwitz. Wohl finden wir heute hier nicht mehr die Stille des ländlichen Lebens, die romantische Idylle der Winzer- und Häuslergemeinde von einst - mit malerischen Hütten, den Mühlen und Weinlauben. Loschwitz ist nicht mehr das kleine, verträumte Dorf vor den Toren der großen Stadt, sondern es ist selbst Teil derselben geworden. Hektik und Großstadtlärm haben auch von Loschwitz Besitz ergriffen, und doch ist von all dem Vergangenen etwas geblieben und gibt dem Vorort an der Elbe sein besonderes Gepräge.

*Teilansicht des Loschwitzer Fähr- und Weingutes*

An der Elbe, nahe dem Blauen Wunder und dem historischen Wirtshaus Körnergarten, liegt das alte Loschwitzer Fähr- und Weingut - ein sehenswerter Fachwerkbau mit der Inschrift „Hier, wo sich Fluß und Weinbau fanden, ist dieses alte Gut entstanden“. Dieser Spruch hätte, wie für das Fährgut, auch für das ganze Dorf Loschwitz stehen können. An den der Sonne zugewandten Hängen reiften im Widerschein der Elbe einst die Trauben. Fischreich war der Strom. Das alte Loschwitz war ein Ort der Winzer und Fischer, bis die Stadt mit der Umgestaltung der Verkehrswege und dem Bau des Blauen Wunders in diese Dorfidylle eindrang. Das alte Fährgut aber blieb erhalten und so auch jener Spruch. Gleich ihm erzählt das Haus von seiner und des Ortes Vergangenheit, spricht uns mit buntbemalten Fensterläden an, die, aufgeschlagen wie ein Buch, Bilder vom Wein und vom Fischfang zeigen. Balken, die schwarz von der Patina der Zeit. Am Spalier alte knorrige Rebstöcke. Im Obergeschoß eine Tür, die uns den Weg des Fährmanns bei Hochwasser weist. Sie führt auf die Mauerkrone. Hier konnte sich der Fährmann und seine Gesellen bei dem vor der Elbregulierung schnell anschwellenden Hochwasser in Sicherheit bringen.

Vor dreihundert Jahren wurde dieses Haus erbaut. Wieviel Wasser ist seitdem die Elbe hinabgeflossen? Weingut war es bis 1839. Loschwitzer Fährgut bis 1869, dann wurde die Fährgerechtigkeit an die Sächsisch-Böhmische Dampfschiffgesellschaft abgetreten. Vieles hat sich seitdem geändert, doch manches ist hier abseits des Körnerplatzes und des städtischen Trubels geblieben. Alte giebelständige Häuser wie das Wieck-Haus, Fachwerkfassaden mit Rebspalieren, Gassen mit holprigem Pflaster und der Blick auf den Strom. „Wieviel Schönheit empfängt das Herz durch die Augen ...". Worte Leonardo da Vincis und Minuten des Besinnens. Einige der alten Fachwerkhäuser sind renoviert. Mehr noch ist geplant und das läßt viele der Wunden vergessen, die von Zeit und der Menschen Unverstand geschlagen.

Diese Bilder vor mir, in der Erinnerung die bekannten Holzstiche Ludwig Richters sowie die zeitgenössischen Fotos von August Kotzsch - in dieser Stimmung ergibt es sich wie bei einem magischen Bild. Am Anfang sehe und denke ich nur an die vielen Details vergangener Zeiten. Dann aber fügt sich vor meinem geistigen Auge auf einmal alles zu einem Ganzen. Plastisch und greifbar glaube ich vor mir die Bilder der Erinnerung zu sehen. Jenseits des von Erlen gesäumten Dorfbaches das kleine einstöckige Fachwerkhaus des Böttchers Unger - das Domizil der für Loschwitz fast legendären Mutter Unger. In ihrer Schankstube trafen sich beim Schein der flackernden Petroleumfunzel nicht nur Nachbarn und Gäste, sondern auch viele Prominente und Künstler, so auch Ludwig Richter und seine Schüler, später dann die sogenannte Loschwitzer Kunstgenossenschaft. Für sie alle war Mutter Unger ein Begriff und das alte Loschwitz ihre Welt.

Bilder des Dorfes Loschwitz von einst, nur der faßreitende, weinlaubbekränzte „Klein-Bacchus" fehlt an der Giebelwand der alten Schankwirtschaft. Ich träume auch ihn mir noch herbei.

Loschwitzer Impressionen. Eine ockergelbe Fassade, in Fensterhöhe Hochwassermarken aus dem vorigen Jahrhundert, über dem Parterre noch zwei Geschosse und obenauf ein gewalmtes Ziegeldach. So begegnet uns das Körnersche Weingut an dem rechtsseitigen Elbuferweg nach dem Blauen Wunder. Eine Tafel über der Haustür erinnert an den Aufenthalt von Friedrich Schiller. Auch der Geheime Rat Goethe, Mozart, die Gebrüder Humboldt, Novalis und die Gebrüder Schlegel waren hier einst bei der Familie Körner zu Gast.

*Körnersches Weingut*

Anschließend folgt ein weiteres altehrwürdiges Winzerhaus hier am Körnerweg. Eine Weintraube, die Jahreszahl 1806 und die Initialen J.S.R. für Johann Samuel Rossig zieren den Schlußstein über dem Eingang. Dann zur Linken der Winterhafen. Anderseits Steinquader zu Mauern getürmt. Wie oft mag auch Friedrich Schiller diesen Weg entlanggegangen sein?

Weiter elbabwärts liegt der ehemals Dinglingersche Weinberg, welchen man begonnen hat, wieder aufzureben. Außer dem Hofjuwelier August des Starken hatte auch der Oberlandbaumeister von Klengel hier einst einen Weinberg. Der Klengelgedenkstein mit der Kugel, welcher sich an der Einmündung des Mordgrundbaches befindet, erinnert noch daran. Weiter der Elbe Verlauf in Richtung Stadtzentrum folgend liegen dann an den rechtseitigen Hängen drei Schlösser, im Volksmund die Albrechtsschlösser genannt. Unterhalb des Schlosses Albrechtsberg finden wir neu angelegte Rebflächen des Weinbaubetriebes Lutz Müller. Auch unterhalb des Lingnerschlosses wurde in den achtziger Jahren hier mitten in der Stadt eine Fläche von ca. 1 ha wieder aufgerebt.

Doch zurück zum Körnerweg und zu Schillers Zeiten. Damals bestand die Vorschrift, die Tore zu den Weinbergen offen zu lassen, damit Passanten bei oft schnell anschwellendem Hochwasser sich hier in Sicherheit bringen konnten. Dauerte das Hochwasser aber längere Zeit an, kam man nur über den Stadtweg, die heutige Schillerstraße, nach Dresden. In die geistige Enge der Residenzstadt zog es unseren freiheitlich gesinnten Dichter aber weniger. Lieber wählte er wohl den dritten der damals möglichen Wege nach Dresden, ohne ihn allerdings bis zu Ende zu gehen. Er fuhr mit der Fähre nach Blasewitz, nahm dann aber nicht den

Weg durch das Tännicht nach Dresden, sondern den in den Gasthof Blasewitz zu einem Schoppen Wein und der schönen Wirtstochter Johanna Justine Segedin, der er später in „Wallensteins Lager“ ein literarisches Denkmal setzte. „Potz Blitz! Das ist ja die Gustel von Blasewitz“ heißt es darin.

Wie bereits erwähnt - zu Dichters Zeiten hieß die heutige Schillerstraße Stadtweg. Dort entlang sind wir zu dem wohl bekanntesten Weinberghaus der Dresdner Elbhänge unterwegs. Tief schneidet sich die Straße in das ehemalige Weinberggelände ein. Dann auf der linken Seite, oberhalb der hohen Begrenzungsmauer und im Schatten großer Bäume, ein pavillonartiges Gebäude - das Schillerhäuschen. Wie anders war das Bild damals Ende des 18. Jahrhunderts, als Schiller hier in Loschwitz an seinem Don Carlos arbeitete und folgende Zeilen an seinen Freund, den Schriftsteller Ludwig Ferdinand Huber, schrieb: „Und oben auf der Höhe des Weinberges steht noch ein artiges Gartenhäuschen. Die Aussicht von diesem und der Untergang der Sonne soll ganz zum Entzücken sein. Alles hier herum wimmelt von Weinbergen, Landhäuschen und Gütern.“

## *Die Loschwitzer Kirche*

Der Weinstock ist nicht nur eine der ältesten Kulturpflanzen der Menschheit, sondern er besitzt auch eine mystische Bedeutung bis hin zu dem Vergleich mit dem Blut Christi. Allein im alten Testament findet die Rebe, wie der Wein, an einhundertvierundsiebzig Stellen Erwähnung. Und der Rebstock selbst ist zu einem Symbol der Fruchtbarkeit und Beständigkeit geworden. So entbehrte auch der 1705 begonnene Bau der Loschwitzer Kirche im ratseigenen Materniweinberg, dem sogenannten Spittelweinberg, nicht einer gewissen Symbolik. Er sollte nicht nur die Verbundenheit der Kirche des Winzerdorfes Loschwitz mit dem Weinbau schlechthin ausdrücken, sondern entsprechend dem Verständnis der Kirche, sollte mit dem Kirchenneubau auch aus dem irdischen Weinberg sozusagen ein geistlicher Weinberg entstehen. Wie aber war es zu dem Bau der Loschwitzer Kirche gekommen?

Loschwitz und Wachwitz gehörten zu der Frauenkirchgemeinde Dresdens. Die alte Frauenkirche war aufgrund des Anwachsens der Einwohnerzahlen längst zu klein. Zudem war der Weg von Loschwitz und Wachwitz nach Dresden weit und beschwerlich. So beantragte man, aus der Frauenkirche ausgepfarrt zu werden und ein eigenes Kirchspiel zu bilden. Dem Ansinnen der beiden Gemeinden wurde 1704 vom Kurfürsten August dem Starken stattgegeben. Für den Bau der Kirche hatte daraufhin der Rat der Stadt als Patronatsherr seinen Ratszimmermeister George Bähr und seinen Ratsmaurermeister J.Ch. Fähre beauftragt, Pläne auszuarbeiten.

Am 14. Mai 1705 wurde dann die Stelle für den Kirchenbau abgesteckt, die ersten Weinstöcke gerodet und mit den Schachtungsarbeiten begonnen. Die Einwohner von Loschwitz und Wachwitz aber, die vorwiegend Winzer waren, mußten neben ihrer schweren Arbeit im Weinberg alle anfallenden Handwerkerdienste und Materialtransporte beim Kirchenbau übernehmen. Nach drei Jahren war es dann soweit. Am 3. August 1708 war die Arbeit soweit gediehen, daß die Kirche feierlich geweiht werden konnte.

Am Rande des Weinberggeländes erhob sich nun die barocke Kirche mit dem steilen Mansardendach und dem dachreiterartigen Turm. Das schlichte Kirchenäußere wurde nur an der Südseite durch das schmuckvolle Hauptportal und einer Sonnenuhr darüber bereichert. Bei der Innenraumgestaltung, mit dem für die damalige Zeit neuartigen Kanzelaltar, hatte man die Weinbergherren bei der Anordnung der Kirchensitze besonders bedacht. Unterhalb der Emporen zogen sich zwei Reihen von Kirchenbänken entlang der Außenmauern, deren oberste für die Weinbergherren und die untere für deren Ehefrauen vorgesehen waren. Selbst die Glocken, gegossen nach den Plänen von Michael Weinhold, waren weinlaub- und weintraubenverziert. Die Loschwitzer Kirche war eine Weinbergkirche.

*Loschwitzer Kirche*

Nachweislich wurde ab 1762 jeweils nach Abschluß der Weinlese ein Lob- und Dankgottesdienst durchgeführt. Dieser schöne alte Brauch entfiel erst mit dem Niedergang des Weinbaus Ende des vorigen Jahrhunderts aufgrund der Folgen des Reblausbefalls. Gleich dem Weinbau fand aber auch die Weinbergkirche ihr Ende. Es war in jener schrecklichen Bombennacht des 13. Februar 1945. Bis auf die Umfassungsmauern brannte die Kirche aus.

Schon im August des gleichen Jahres begann man dann aber mit den Beräumungs- und Sicherungsarbeiten. Wenn auch die Bemühungen um den Wiederaufbau der Kirche in den folgenden Jahren scheiterten, so wurde doch durch Spenden der Gemeinde 1969 zumindest die Aufstellung eines neuen Glockenstuhles ermöglicht.

Erst 1989 wurde dann aber endlich mit den bauvorbereitenden Maßnahmen für den Wiederaufbau begonnen. Sechs Jahre später waren die Arbeiten bis auf den Innenausbau Dank der landesweiten Unterstützung abgeschlossen. Viele freiwillige Helfer hatten Bauhilfsarbeiten übernommen. Unterstützt wurde das Vorhaben vor allem auch durch den in München gegründeten Verein für den Wiederaufbau der Kirche und durch die von den Loschwitzer Künstlern Theo Adam,

Peter Schreier und Udo Zimmermann initiierte Stiftung. So künden heute die Glocken wieder weithin ins Elbtal tönend, von der neuerstandenen Kirche und erinnern an die einstige Hochzeit von Kirche und Weinbau hier in Loschwitz.

## *Vergißmeinnicht*

Von der Loschwitzer Kirche bzw. dem Körnerplatz führt der Veilchenweg bergauf in die ehemalige Weinberglandschaft hinein. Hier finden wir eine Reihe alter Weinberghäuser. Zwischen den großen, vor allem Ende des vorigen Jahrhunderts entstandenen Villen, nehmen sich diese alten Häuser klein und bescheiden aus. Der Blick in die freundlichen, kleinen Fensteraugen, ein Gespräch über die Gartenmauer, sorgen aber sofort für Kontakt. So ist es auch beim alten Winzerhaus Veilchenweg Nr. 9. Die Fachwerkfassade, wenn auch mit neuem Make up, erzählt von vergangenen Zeiten, genau wie die alte Winzersäule. Ihre Initialen J.F.M. benennen den Amtschirurgen Johann Friedrich Müller als Weinbergbesitzer. Zu lesen ist weiterhin die Jahreszahl 1674. Die Bedeutung von Wind und Wetter für den Winzer wird durch die drei angebrachten Sonnenuhren und die Wetterfahne, den Windgott darstellend, symbolisiert.

Wenn Steine erzählen könnten. Sandstein zu Quadern gehauen, zu Pflaster gesetzt. Diese Steine gaben den vom Veilchenweg bergwärts abzweigenden Wegen den Namen. Steinweg heißen zwei derselben. Wir wählen den ersten. Ausgetreten die Steine. Generationen von Winzern sind hier schon emporgestiegen. Später dann auch Sommergäste und Künstler. Wohl auch Ludwig Richter und seine Schüler. Der bekannte Volksbuchillustrator und Maler verbrachte viele Jahre hindurch den Sommer in den Loschwitzer Weinbergen. Von all dem ist ein Hauch der Erinnerung geblieben, der über dieser Landschaft liegt. Die Steine unter unseren Füßen, die alten Weinbergmauern zur Rechten und Linken erzählen von diesen vergangenen Zeiten. Unterhalb der Bergstation der Schwebebahn endet der Steinweg, mündet in die Sierksstraße. Für den steilen Anstieg werden wir mit dem Blick von der Reinhardsbank belohnt. Unter uns die Elbe und die Stadt. Über uns die Nachmittagssonne, sich spiegelnd in Scheiben und auf regennassen Dächern. Eintausend Sonnen strahlt es zu uns zurück. Silbern die Brücke, welche die Sonne über die Elbe malt. Weiter elbabwärts erschließt sich der alte Strom im sanften Bogen das Dresden von heute.

Gedanken auf dem Rückweg. Blau blüht ein Blümelein, doch das heißt hier nicht wie in dem bekannten Liedtext *Vergißnichtmein.* Berggasse nannte man einst den Weg, den wir jetzt zurückgehen, später hieß er Blauveilchenweg. Veilchen gaben also der Straße den Namen und nicht Vergißmeinnicht.

Zur Rechten alte Mauern, die ihre Nacktheit mit Efeu bedecken, die von schmiedeeisernen Toren unterbrochen. Dahinter Treppen, die scheinbar in des Berges unergründliches Inneres führen. Und über den Mauern, den Stufen, dann hinter hohen Bäumen die Häuser und Villen. An der Hauswand oder im Garten davor einige alte knorrige Rebstöcke. Erinnerungen an die Poesie der Zeiten, als der Wein hier noch die Hänge bedeckte. Vergangene Loschwitzer Weinbergherrlichkeit. Für sie sollte das zarte blaue zu schützende Blümchen, das hier wächst, doch *Vergißnichtmein* heißen.

# Der Königliche Weinberg

## *Wachwitz, Wein und die Wettiner*

*Es kann ein Ort sich glücklich preisen,*
*ward er von großen Geistern einst beehrt ...*
*Laßt uns - auf ihren Spuren - ihn bereisen*
*und schau'n, was Gutes uns dort widerfährt.*

Eine Wanderung am Wachwitzer Weinberg führt uns zugleich durch Gegenwart und Vergangenheit dieser einmaligen Kulturlandschaft. Wir beschreiten Wege, die schon viele gegangen. Wir erleben Bilder und Eindrücke, die schon von vielen beschrieben. Doch jeder und jede Zeit sah es mit anderen Augen.

„Gleich nach Wachwitz erhebt sich reizend des Königs Weinberg, mit einem schönen großen Landhause," so schrieb C.H.W. Münnich in seinem Buch „Elbestrom" Mitte des vorigen Jahrhunderts. Und weiter heißt es dort:" Denn wie der Anblick des sorgfältig angebauten Weinberges einladend ist, so reizend schön ist auch das Rundgemälde, welches sich stromauf und -abwärts, je höher man steigt, vor den trunkenen Augen entfaltet."

Einhundertfünfzig Jahre sind seit dieser so anschaulichen Beschreibung vergangen. Welche Spuren alter sächsischer Weinbautraditionen sind heute hier noch zu entdecken? Wie ist es wohl heute um das einst königliche Anwesen bestellt?

Von der Pillnitzer Straße kommend, gehen wir den Josef-Hegenbarth-Weg aufwärts. Zur Linken das Künstlerhaus. Monumental die der Straße zugekehrte Fassade. Es wurde vor knapp hundert Jahren von Martin Pietzsch anstelle eines Winzerhauses als Wohn- und Atelierhaus für Dresdner Künstler errichtet. Rechts das einst zum Königlichen Weinberg gehörige Kavaliershaus. Heute ist es still hier, doch der Josef-Hegenbarth-Weg kennt bewegtere Zeiten - war er doch einst der Wachwitzer Kirchweg. Hier entlang zogen an jedem Sonntag die Wachwitzer Bürger in ihren Trachten - in ihrem Sonntagsstaat - bis zur Frauenkirche nach Dresden. Heute führt der Weg durch hohen Buchenwald. Doch das war nicht immer so. Dort, wo der Weg zum Königlichen Weinberg abzweigt, erinnert eine alte Weinbergtafel daran, daß auch hier einst Reben die Hänge bedeckten. Doch wie die Erinnerung ist auch die Schrift auf dem Stein fast verblichen. Moos und Flechten haben sie überzogen.

Durch eine kleine Steinbogenbrücke führt der Weg weiter hinauf zum Marienhaus. Vom Kotzschweg zweigt die Zufahrt zum Wachwitzer Schloß ab. Weiter geht es durch Buchenwald. Dann vor uns das Wachwitzer Schloß, das Prinz Friedrich Christian, Markgraf von Meißen, erst 1936/37 aus den Mitteln der Fürstenabfindung errichten ließ. Ein Bau im sächsischen Neobarock. Weit ist der Blick von hier ins Land. Die dominante Lage des Schlosses und der herrliche Blick von hier oben erinnert mich noch einmal an das einprägsame Bild des „Rundgemäldes", welches C.H.W. Münnich mit seinen Worten vor hundertfünfzig Jahren zeichnete. Schmal und holprig ist der Pfad, der von hier oben oberhalb der Buchenschlucht und dann weiter bergab durch lichten Eichenwald führt. Die Reste von Weinbergmauern am steilen Hang. Wir erreichen die sogenannte Kuhkanzel. Von hier hat man einen ausgezeichneten Blick auf das Gelände des Königlichen

Weinberges, auf die neue Villa und die Reste des einstigen Landhauses mit Preßgebäude, Gärtnerhaus und Kapelle.

Wie die Blicke wandern auch die Gedanken. Kronprinz Friedrich August, der spätere König Friedrich August II., hat hier Mitte des 19. Jahrhunderts insgesamt 38 Hektar zusammenhängendes Wein- und Waldland erworben und später noch erweitert. Er ließ auch einen Park anlegen und seltene Gehölze pflanzen. Sehr zu Recht nannte man ihn auch den Botaniker-König. Der damals angelegte Park wurde der Ausgangspunkt für die 1970 begonnene Anlage des Wachwitzer Rhododendrongartens.

Wir steigen hinunter zur königlichen Villa, dem 1893 erbauten Sommersitz der Familie. Älteren Datums sind die schon erwähnten Nebengebäude wie Kapelle, Gärtnerhaus und Preßhaus. Von dem 1825 aus dem Zedtwitzschen Landhaus entstandenen Palais sind heute nur noch Reste vorhanden.

Über hundert Stufen führen hinauf zur Weinbergkapelle. Noch vor derselben zweigt rechts der Panoramaweg ab. Zur Linken eine romantische Grotte, dann der Blick über die wieder aufgerebte Weinberganlage. Wir folgen dem Panoramaweg. Nachdem wir das erste Drittel des Weges zurückgelegt haben, liegt hangseitig vor uns eine gemauerte Nische - ein Plätzchen, das zum Verweilen einlädt. Einen herrlichen Ausblick hat man von hier bis zu den Höhen des Erzgebirges. Imposant auch das Rondell ungefähr in der Mitte des Weinbergweges. Säulen und Bänke aus Sandstein erinnern an die Pöppelmannsche Augustusbrücke. Nach dem Umbau derselben, Anfang dieses Jahrhunderts, ist die alte Pfeilerbastion hier aufgestellt worden. An der sogenannten Himmelsleiter führen Stufen zu einer mit lichtem Eichenwald bestandenen Hügelkuppe. So hoch hinaus wollen wir aber heute nicht. Wir wählen den Weg durch den wiedererstandenen Weinberg hinunter zur Straße. Kommen dabei mit Winzern ins Gespräch, fragen, wie hier wieder alles begann. Thomas Elstner, einer der Wachwitzer Winzer, erinnert sich: „Es war am 4. Februar 1987, da wurde die Weinbaugemeinschaft Wachwitz gegründet. Auf traditionsreichem Weinbaugelände haben wir seitdem 2 Hektar Ödland wieder urbar gemacht. Aufgerebt wurden vor allem die Sorten Müller-Thurgau, Weißburgunder und Ruländer." Hart war die Arbeit, ist der Grundtenor auch in den Aussagen der anderen Winzer, aber die Freude am Erreichten überwiegt. Nur der Winter 1996/97 brachte einen herben Rückschlag. Viele Stöcke erfroren. Weniger als die Hälfte des Durchschnittsertrages erntete man im Folgejahr.

Wolkenschatten ziehen über die Rebzeilen. Ich suche mir ein Stück vom Himmelsblau und denke: Schlechten Jahren werden wieder bessere folgen. Aber wir befinden uns im nordöstlichsten der deutschen Anbaugebiete und müssen dieser Lage ab und an unseren Tribut zollen.

## *Ein Lehrpfad für Bacchusjünger*

Schloß Pillnitz. Wer kennt nicht dieses Mekka der Touristen - die weißen Giebel und Fassaden, gekrönt von den grünen geschwungenen Kupferdächern. Breit und einladend die Treppe, die hinunter zum Strom führt. Selbst die Elbe verzögert hier ihren Lauf in sanftem Bogen, um des Bildes Schönheit zu genießen.

Blumenteppiche, Rasenflächen, Heckenmauern und mächtige Bäume fügen sich zu der idyllischen Landschaft des Schloßparkes. Doch all das ist heute nicht unser Ziel. Wir wollen durch den Pillnitzer Weinberg bis zur Rysselkuppe.

Für Touristen und Bacchusjünger wurde der Leitenweg, den wir entlang durch die Weinberge gehen, als Weinlehrpfad ausgebaut. Im April des Jahres 1995 - zum 15-jährigen Bestehen der Weinbaugemeinschaft Pillnitz - erfolgte die offizielle Einweihung. Die Tradition des Weinbaus ist hier natürlich älter als 15 Jahre. Datiert doch die erste urkundliche Erwähnung eines Weinberges in Pillnitz bereits von 1403. Doch Ende des vorigen Jahrhunderts hatte auch hier die Reblaus eine Abstinenz in Sachen Weinbau erzwungen. Die Rebkultur verschwand als landschaftsbildendes Element aus diesem Abschnitt des Elbtales fast gänzlich. Nur eine kleine Versuchsanlage mit reblausresistenten Unterlagsreben - 1924 angelegt - bestand hier noch. Ödland, von Buschwerk überwuchert, bedeckte die Hänge, als 1978 drei Unentwegte begannen, einen ersten Teil der Weinbergfläche wieder urbar zu machen. Initiator war damals vor allem der Dresdner Böttchermeister Rolf Götze. 1980 wurde die Weinbaugemeinschaft Pillnitz gegründet, die heute zwischenzeitlich fast 70 Mitglieder besitzt. Sieben Hektar wurden hier am „Großen Berg“ wieder aufgerebt.

Böttchermeister Rolf Götze füllt sich heute seine Fässer selbst. Seit 1980 betreibt er zusätzlich zu der traditionsreichen, in sechster Generation betriebenen Böttcherei, auf der Dohnaer Straße 70 in Dresden, auch eigenen Weinbau am „Großen Berg“ in der Lage „Pillnitzer Königlicher Weinberg“. Seine Weine baut er ausschließlich in selbstgefertigten Eichenholzfässern aus. Zu kaufen gibt es den Wein im Küferstübchen des Erzeugerbetriebes in Dresden. Hier können Sie auch ergründen, welche Bewandnis es mit dem „Cuparius“ – dem Böttcherwein hat.

Von der Wiederaufrebung, aber ebenso von der Arbeit der Winzer im Weinberg, den angebauten Rebsorten und dem Weinbau hier in Sachsen - dem nordöstlichsten der deutschen Anbaugebiete im allgemeinen - berichten Tafeln, die entlang dem Lehrpfad am Leitenweg aufgestellt sind. Die Pillnitzer Winzer haben nicht nur den Weinberg wieder aufgerebt, diesen Lehrpfad angelegt, sondern ebenso auch Bänke aufgestellt und die Wege und Terrassenmauern wieder instandgesetzt.

Der Leitenweg führt uns am Waldrand entlang. Unter uns, dort, wo die Rebflächen an die weite Elbaue grenzen, liegt, malerisch in die heitere Landschaft eingebettet, die Weinbergkirche. Auf dem weiteren Weg sehen wir betagte Weinbergtore. Ein besonderes Wahrzeichen des Pillnitzer Königlichen Weinberges sind aber die pavillonartigen Wächterhäuschen mit ihrem markanten haubenartigen Zeltdach. In vergangenen Zeiten hielten hier die Weinbergwächter in bunten Trachten nach Eindringlingen Ausschau. Eine Erinnerung an vergangene Weinbergzeiten ist auch das aus Bruchsteinen gefügte Wasserfangbecken. Ausgetretene Stufen führen zu ihm hinab.

Dann taucht der Weg in den Wald ein, hat grüne Tunnel in ihn gegraben. Bald erreichen wir die Rysselkuppe - eine Felsklippe hier an den Borsberghängen, darunter der gleichnamige Weinberg. Die terrassierte Fläche bis hinunter zu dem Winzerhaus gehörte einst der Familie Ryssel. Rechts und links ist der Weinberg von hohen Bruchsteinmauern begrenzt. Grenzenlos aber reicht unser Blick bis in die Sächsische Schweiz und sogar bis zum hohen Schneeberg - bereits außerhalb der Grenzen von Sachsen. Direkt unter uns aber das Ziegelrot der Dächer von Oberpoyritz inmitten der grünen Streuobstwiesen und Weiden. Die „Viehbotsche" führt uns in das kleine Dorf hinab, das uns bald mit der Idylle seiner alten Bauernhöfe und der Beschaulichkeit des einstigen Elbeweindorfes verzaubert.

Hier finden wir aber auch unweit des ehemals Rysselschen Weingutes das Anwesen des Ökowinzers Zimmerling. Wir steigen den Weg zum Hof hinauf. Einhundertsiebzig Jahre alt ist das Winzerhaus, doch jung und blond Malgorzata Chodakowska, die Winzersfrau. Die gebürtige Polin hat die Kunstakademie in Wien absolviert und widmet sich hier der Bildhauerei. Kulturgeschichte ist am Elbhang mit der Kultur des Weinbaus verbunden. Im Weingut Zimmerling sind aber beide direkt vermählt - die Kunst und der Wein, die Bildhauerin und der Winzer.

## *Die Weinbergkirche*

Es war im November des Jahres 1990. Im Zusammenhang mit Instandsetzungsarbeiten der halbverfallenen Kirche wurde die Turmkugel entfernt, da fand man in ihr alte Dokumente. Sie bestätigten, daß der Bau der Kirche in den Jahren 1723-1725 erfolgte. Auf Veranlassung August des Starken wurde sie damals nach Plänen und unter Leitung des Zwingerbaumeisters Pöppelmann errichtet. Sie sollte die alte Schloßkirche ersetzen, welche dem Kurfürsten bei seinen Bauplänen für Schloß und Park Pillnitz im Wege stand. Die alten Dokumente besagten weiter, daß die Kirche 1800 und 1839 einer umfassenden Rekonstruktion unterzogen worden war. Wovon die goldene Turmkugel bzw. die Dokumente in ihr nicht berichteten, war die sagenumwobene Geschichte des Vorgängerbaus.

Mitte des 16. Jahrhunderts hatte Christoph von Loß, der Oberschenk des Kurfürsten Christian I. und „des Reiches verordneter Pfennigmeister" das Rittergut Pillnitz erworben. Er ließ die Schloßkirche errichten, welche 1596 geweiht wurde. So sehr er sich damit verdient machte, so unrühmlich waren dagegen die Taten seines Sohnes. Er ließ Hosterwitz plündern und schleifen, um sich die Bauern zu unterwerfen. So ging er - im Gegensatz zu seinem Vater - als der „böse Loß" in die Geschichte ein. Und in Pillnitz wird bis heute die Sage erzählt, daß der „böse Loß" zuweilen um Mitternacht als schwarzer Hund auf dem Gutshof erscheint. Heulend und bellend soll er dann sein begangenes Unrecht bereuen. Aber folgen wir erst weiter der Kirchengeschichte. Durch die eheliche Verbindung kam Pillnitz und die dazugehörige Schloßkirche von der Familie Loß in den Besitz der Familie Bünau und wurde wenig später an das sächsische Kurfürstenhaus verkauft. Womit wir wieder bei der Geschichte der goldenen Turmkugel sind. Von dieser selbst heißt es in den schon benannten Dokumenten: „ ... dieser Knopf und Fahne sind bei hoher Anwesenheit Ihro Königlicher Majestät aufgesetzt worden." Das war am Reformationstag 1723. Selbst August der Starke war also damals anwesend.

Harmonisch fügte sich die neue Kirche, am Fuße des Elbhanges gelegen, in die heitere Weinberglandschaft ein. Mit dem einfach gewalmten Dach, den Winzerhäusern ähnlich, wurde dieses bauliche Kleinod des Pillnitzer Königlichen Weinberges bald als Weinbergkirche bezeichnet.

In der Zeit von 1765-1918 hielt man während des Sommeraufenthaltes der Königsfamilie in Pillnitz den Gottesdienst des evangelischen Hofstaates in der Weinbergkirche ab. Auch der Gottesdienst des Kirchspiels Hosterwitz - Pillnitz fand abwechselnd in der Weinbergkirche und in der Pfarrkirche von Hosterwitz statt.

1977 sah sich die Landeskirche aber außerstande, die Weinbergkirche weiter baulich zu erhalten. Die Kirche wurde an den Staat übergeben und verfiel bald mehr und mehr.

In gleicher Weise erfreulich, wie die Wiederaufrebung am Pillnitzer Königlichen Weinberg ist auch die Tatsache, daß die einst verfallene Weinbergkirche heute in alter Schönheit erstrahlt. Wie war das aber möglich geworden? Dieses Wunder zu ergründen, mich von ihm inspirieren zu lassen, war ich im Frühjahr 1999 unterwegs.

*Der Winzerchor Spaargebirge e.V. Meißen in der Pillnitzer Weinbergkirche*

Die Pillnitzer Weinbergkirche - ein Bild voller Übereinstimmung und Harmonie zwischen Bauwerk und Landschaft. Hohe Fenster in der ockerfarbenen Fassade. Das Walmdach steil geneigt wie die Rebhänge dahinter. Auf dem Dach ein hölzerner Glockenturm und ganz obenauf die goldene Turmkugel. Weit grüßt sie ins Land hinein, zieht mit magischer Kraft die Blicke an und heute auch die Besucher.

Es ist Pfingsten und Benefizkonzert des Winzerchores Spaargebirge. Bunt, gleich der Frühlingslandschaft, die Trachten der Chormitglieder. Bunt auch das Sprachgewirr. Außer dem Winzerchor singt auch der Chor „Tourdion“ der Association Musicale Vitry sur Seine. Die klaren freundlichen Töne des Gesanges lassen bald die Bilder der Erinnerung verblassen, die ich mit hierher gebracht. Vor zehn Jahren war ich hier im Kircheninneren. Gerümpel, Unrat und Verfall, das waren die Bilder, die sich mir damals boten. Neunzehnhundertneunundachtzig begannen Pillnitzer Bürger die alte Pöppelmannsche Weinbergkirche aus ihrem verderblichen Dornröschenschlaf zu wecken. Die Interessengemeinschaft Weinbergkirche, Sammlungen und weitere beispielhafte Bürgerinitiativen ermöglichten die umfangreichen Sanierungsarbeiten. Vor allem aber auch Benefizkonzerte, wie das heutige, halfen die Kirche zu erhalten und in neuem Glanz erstrahlen zu lassen. Meine Blicke wandern wie die Gedanken. Das schräg einfallende Licht läßt die vergoldeten Ornamente an Empore und Altar erstrahlen. Welcher Unterschied zwischen den Bildern von damals und heute. Die anregende Freundlichkeit von Klängen, Farben, und Formen läßt mich endgültig der Kirche düstere Vergangenheit vergessen. Durch die hohen Fenster schweift der Blick über die Rebhänge und der Chor singt „Kein schöner Land" von Anton Wilhelm Florentin. Doch außer Freude schwingt wohl auch an einem solch schönen Tag etwas Nachdenklichkeit mit in den Stimmen und in den Gedanken.

Wenige Tage später bin ich unterwegs, mehr über die Arbeit des Chores zu erfahren. Ich sitze Professor Dr. Karl-Heinz Schulz, dem engagierten Vorstandsvorsitzenden des Winzerchores Spaargebirge gegenüber. Bücherregale füllen Wände. Durch das große Fenster der Blick hinüber zum Spaargebirge. Der Professor erzählt. 1987 wurde der Chor gegründet. Reichlich zwei Drittel der Chormitglieder sind Winzer. Über zwanzig repräsentative Auftritte im Jahr, davon einige im Ausland, erfordern stete Arbeit und Weiterentwicklung. „Es ist wie bei einem Rebstock, der ständig seine Pflege braucht", sagt Karl-Heinz Schulz und verweist auf das ständige Streben nach kontinuierlicher, gesanglicher Qualität. Souveränität und Ausstrahlung des Chores – Verdienste vor allem der Chorleiter Ralf Auris und Jürgen Heidler. Ihnen ist es gelungen, bei einem weitgefächerten anspruchsvollen Liedgut und mit zahlreichen Auftritten den Chor künstlerisch und gesanglich voranzubringen.

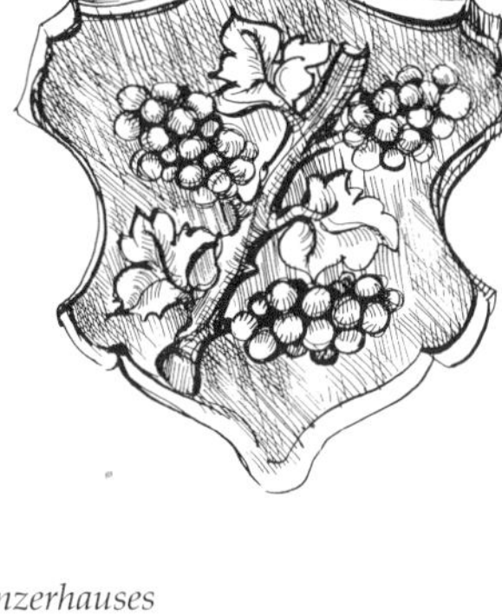

*Wappen im Torbogen eines alten Winzerhauses*

# An den Grenzen unseres Anbaugebietes

## *Der östlichste Weinberg Deutschlands*

*Wenn auch die Jahre schnell vergehen,*
*so bleiben jung doch die Gedanken.*
*Die Hoffnung wird stets wieder grün,*
*grün wie des Weines Ranken.*

Kloster St. Marienthal in Ostritz. Erinnerungen an das Osterfest und den Besuch vor nunmehr schon fünf Jahren. Beeindruckend die Anlage des Klosters in ihrer Geschlossenheit und Ausdehnung. Ziegeldächer, Türme, Zinnen, rotweiße Fassaden. Stille und Weltabgeschiedenheit hinter den Klostermauern. Anders jetzt zum Osterfest. Festlich gekleidete Menschen drängen sich auf dem Hof. Erwartungsvolle Gesichter. Dann Hufgeklapper und vereinzelter Beifall. Die Osterreiter treffen ein. Pferde und Reiter sind bunt geschmückt. Drei Runden absolvieren sie auf dem Klosterhof. Ein kurzer Gottesdienst folgt, dann geht es in die Felder und den schönen Frühlingstag hinein - weiter zum nächsten Dorf. Alljährlich findet dieser Umzug statt - das Oster- oder Saatreiten. Eine Jahrhunderte alte Tradition im Sorbischen und den angrenzenden Gebieten. Wir sind anschließend mit einer Führung durch das Kloster wie durch seine Geschichte unterwegs.

Am 14. Oktober 1234 unterzeichnete man zu Prag die Schenkungsurkunde für das Zisterzienserinnenkloster St. Marienthal. Während des Hussiteneinfalls wurde das Kloster fast völlig verwüstet und niedergerissen. Dem Wiederaufbau folgten Hochwasser und Brände, aber immer wieder entstand das Kloster neu. Erweiterungen und Umbauten, vor allem Mitte des 18. Jahrhunderts, ließen das Kloster in seiner heutigen Form und Größe als Bauwerk des böhmischen Barock entstehen. Viel erfahren wir über die wechselhafte Klostergeschichte und das Wirken und Leben des Zisterzienserordens.

Um noch mehr, vor allem in Sachen Wein zu erfahren, haben wir uns anschließend bei der Priorin angemeldet.

„Schwester Hildegard", so hatte sich Frau Priorin am Telefon gemeldet, als wir den Termin vereinbarten. Genauso unkompliziert beantwortet sie auch unsere Fragen, als wir dann vor ihr sitzen. Der Weinbau war für kultische Zwecke bedeutend und wurde deshalb vom Orden der Zisterzienser besonders gepflegt. Bahnbrechend für die Entfaltung des Weinbaus in Deutschland war insbesondere das Kloster Eberbach im Rheingau. Die Mönche trieben dort die im 12. und 13. Jahrhundert noch kaum bekannte Terrassenkultur voran und ernteten dadurch ausgezeichnete Weine.

„Eine ähnliche Rolle, wenn auch in anderen Dimensionen und anderer geografischer Lage, muß das Kloster Altzella bei Nossen gespielt haben", fügt die Frau Priorin hinzu und erklärt dann weiter: „Von Altzella gingen die Impulse für die Einführung und Entwicklung des Weinbaus in den Elbweindörfern Seußlitz und Zadel aus. Und da unser Kloster der Abtei in Altzella unterstand, ist mit Sicherheit anzunehmen, daß auch der Ursprung des Weinbaus in Ostritz beim Kloster Altzella zu suchen ist. Doch exakte urkundliche Nachweise hierzu sind auf dem Weg durch die Jahrhunderte verlorengegangen."

*Kloster St. Marienthal in Ostritz*

Aus der Erinnerung an den Weinbau wurde hier in Ostritz wieder erlebbare Gegenwart. Wie es dazu kam? Diese Frage ließen wir uns von den Ostritzer Winzern bei einem Besuch im Jahr 1997 beantworten.

Fachsimpelei - Gespräche beim Wein über den Wein in der stimmungsvollen Atmosphäre des Klosterweinkellers. Zuerst probieren wir einen Goldriesling - eine Spezialität, die nur noch in Sachsen angebaut wird. Doch erst 1986 kam diese Rebsorte von Meißen nach Ostritz. Damals, als dreizehn braven Bürgern dieser Stadt der verwegene Gedanke kam, statt Obstwein aus Stachel- und Johannisbeeren einmal das Wagnis zu unternehmen, „richtigen" Wein anzubauen. Ermutigt wurden sie durch die alte Tradition des Klosterweinbaus, der allerdings Anfang dieses Jahrhunderts aufgrund des Reblausbefalls auch hier zum Erliegen kam.

„Dreizehnhundert Rebstöcke - außer Goldriesling auch Müller-Thurgau - haben wir damals auf der alten Viehkoppel gepflanzt, Buschwerk gerodet und das Gelände terrassiert. Es war eine Schinderei, aber es hat sich gelohnt!" Langsam und mit Bedacht wird der Korken aus der ersten Flasche gezogen. „Marienthaler Klosterfrau" steht auf dem Etikett. Der Probeschluck wird uns, den Gästen, kredenzt. Verpflichtung für ein fachmännisches Urteil in dieser weinkundigen Runde. Die Hand am Glas bestätigt: Die Temperatur könnte stimmen! Ein prüfender Blick. Klar und rein, leicht blaßgelb. „Feinfruchtig das Bukett. Vielleicht etwas säurebetont" ist unser Kommentar. Zustimmendes Nicken.

„Ungefähr zweihundertdreißig Meter über dem Meeresspiegel liegt unser Weinberg. Das ist vergleichsweise sehr hoch, aber hier, im Tal der Neiße besteht ein für den Weinbau günstiges Kleinklima, wenn nicht Spätfröste oder andere Wetterunbilden einen Strich durch unsere Weinrechnung machen." Es folgen ein

Nachschluck wie die Frage: „Und wie war die Ernte im vorigen Jahr?" „Erinnert uns lieber nicht daran. Der plötzlich einsetzende hohe Frost im Februar hat fast all unsere Mühe zunichte gemacht. Viele Stöcke waren erfroren. Ganze Abschnitte des Weinberges mußten gerodet und müssen zum Teil noch wieder aufgerebt werden".

Doch die dreizehn Winzer von Ostritz sind eine verschworene Gemeinschaft. Sie werden auch diesen Rückschlag überstehen. Denn sie bewirtschaften nicht nur den alten Weinberg von St. Marienthal und nutzen den Klosterkeller, sondern sie scheinen auch in ideeller Weise etwas von dem Orden der Zisterzienser geerbt zu haben. In Sachen Weinberg gibt es keine Privatinteressen. Man hat ihn gemeinsam urbar gemacht. Er wird gemeinsam bewirtschaftet. So trinken wir das nächste Glas auf diesen Gemeinschaftsgeist und daß er, wie der Weinberg, noch lange erhalten bleibe!

## *Wo Luther seinen Gorrenberger trank*

Winzer im Mönchsgewand - der Orden der Antoniter war es, der den Weinbau im frühen Mittelalter hier im Tal der Schwarzen Elster heimisch werden ließ. Die erste urkundliche Erwähnung „der agher uff dem Gorrenberge" datiert bereits von 1420. Im 15. und 16. Jahrhundert erlebte der Weinbau in den Jessen-Schweinitzer Bergen an der Schwarzen Elster seine größte Ausdehnung. Dreihundert Hektar sollen damals hier mit Reben bestockt gewesen sein, das entspricht fast der Rebfläche, die heute insgesamt noch in Sachsen vorhanden ist. Der Gorrenberger Wein wurde am sächsischen Hof kredenzt und auch Martin Luther, der von der Kanzel wider das übermäßige „Saufen" wetterte, bekannte im Freundeskreis: „Bier ist Menschenwerk, Wein ist von Gott."

Im 19. und 20. Jahrhundert ging aber der Weinbau auch im Elstertal allmählich zurück. Die Reblaus konnte man hier allerdings nicht dafür verantwortlich machen, denn diesem Insekt behagte der hiesige Sandboden ebensowenig, wie dem heimischen Weinbau die Einschränkung bzw. Abschaffung der Zollschranken. Billige Fremdweine kamen ins Land. Die Weinberge wurden gerodet, Obstplantagen entstanden. Auch dem Anbau von Spargel wurde der Vorrang gegeben. Wurden für das Jahr 1868 noch 125 Hektar Rebfläche genannt, so mußte für 1908 ein Rückgang bis auf 25 Hektar registriert werden. 1930 waren es schließlich nur noch 12 Hektar. Seinen absoluten Tiefpunkt erreichte der Jessener Weinbau nach dem zweiten Weltkrieg. 1960 gab es nur noch die Schmidt-Hoffmannschen Weinberge mit einer Rebfläche von 1,25 Hektar. Die Geschichte des Weinbaus im Elstertal war so gekennzeichnet von Aufstieg, Tradition und Niedergang.

Wie ist es nun wohl heute um den Weinbau im Elstertal bestellt? Um eine Antwort auf diese Frage zu erhalten, fahren wir nach Jessen zum Heimatfest. Fast hätte ich aber den Termin der Verabredung vergessen, doch dann fielen mir noch rechtzeitig die Verszeilen vom Jubiläum des Jessener Heimatfestes ein:

*Den zweiten Sonntag im August,*
*woran du immer denken mußt.*

So sind wir am besagten zweiten Sonntag im August nach Jessen zum Heimatfest unterwegs.

Nachdem wir das Elbtal bei Meißen mit seiner heiteren Weinberglandschaft verlassen haben, fahren wir einhundert Kilometer, ohne eine einzige Rebzeile zu entdecken. Erst nachdem wir die Grenzen von Sachsen und Brandenburg passiert haben, finden wir in Jessen, im Land Sachsen-Anhalt, die ersten Weinberge wieder. Und welch ein Kuriosum: Wir sind wieder in Sachsen - die Weinberglage Jessener Gorrenberg im Tal der Schwarzen Elster gehört weinbaupolitisch zu unserem Anbaugebiet.

Das Jessener Heimatfest dauert eine Woche. Vielgestaltig ist das Programm mit Schützenschnurschießen, Brieftaubenflug und Wahl der Weinprinzessin, mit Weinfest, Heimatabend und Frühschoppen. Höhepunkt aber ist der Festumzug am Sonntag. Fast der ganze Ort ist auf den Beinen - beteiligt am Umzug oder die Straßen und den Festplatz säumend. Groß ist auch die Zahl der Gäste. Erwartungsvolle Stimmung. Dann endlich taucht der Festzug auf. Als erster passiert der Spielmannszug die Elsterbrücke. Festwagen folgen. Einer davon ist mit Weinreben geschmückt. Drei Burschen und ein Mädchen sitzen weinglasschwenkend obenauf. Die Maid trägt eine goldene Krone im Haar. Kinderaugen werden blank. Eine der Kleinen staunt: „Eine richtige Königin". „Die Weinprinzessin", belehrt einer der Älteren.

Heute gibt es in Jessen nicht nur eine Weinprinzessin, sondern auch wieder 15 Hektar Rebfläche – ein Verdienst auch der Landwirtschaftlichen Produktionsgenossenschaft, welche in den siebziger Jahren mit der Wiederaufrebung begann. Nach der Wende wurde der Weinbau von der Jessener Agrargenossenschaft bzw. Gartenbaugenossenschaft weitergeführt. Der überwiegende Teil der wiederaufgerebten Fläche gehört aber dem Weingut Hanke und entstand erst in den letzten zehn Jahren.

Auf dem Festplatz sind Stände aufgebaut, finden Veranstaltungen statt. Nach einem ersten Rundgang suche ich mir ein Plätzchen im Schatten der hohen Bäume, ein Gespräch mit Bekannten, denn ich bin ja nicht zum ersten Mal hier.

Wenn sich heute die älteren Bürger von Jessen erinnern, denken sie gern an die Zeit vor dem zweiten Weltkrieg zurück, als sie damals sonntags mit ihren Eltern auf die Jessener und Schweinitzer Berge zogen, um bei Schmidts, Winters, Döbelts, Petzolds, Elstermanns oder Naugks einzukehren. Dort wurde in der guten Stube, in der Laube, im Garten oder auf dem Hof Wein gereicht. Fettbemmchen von selbstgebackenem Brot, Käse und Bratwurst sowie Speckkuchen gab es dazu. Bei Döbelts im fast hundertfünfzigjährigen Weinkeller kann man das heute noch erleben. Inhaberin ist Andrea Zwicker, geborene Döbelt. Aber nicht nur der Weinausschank wird hier weiter betrieben, sondern die Familie bewirtschaftet auch einen reichlich einen Hektar großen Weinberg mit den Sorten Müller-Thurgau und Riesling.

Unser Besuch gilt anschließend dem Weingut Hanke. 1993 wurde dieser Betrieb der Gebrüder Ingo und Frank Hanke gegründet - eine alte Winzerfamilientradition, die bis ins Jahr 1796 zurückreicht, wieder fortgesetzt.

Was 1988 bei dem 150. Schul- und Heimatfest mit großen Schwierigkeiten wieder begonnen, ist nun schon Selbstverständlichkeit: Bei Hankes wird Wein ausgeschenkt. Es gibt Bratwurst und Fettbemmchen wie in alten Zeiten. Stimmung

*Innenhof im Weingut Hanke*

ist hier in den Unterbergen angesagt, wo auf der alten Schweinitzer Straße 80 sich das Hankesche Anwesen befindet. Gäste im Haus und auf dem Hof. Als Erhard Hanke aber hört, daß wir von Meißen da sind, kommt er sofort mit einer Flasche Müller-Thurgau. Wir nehmen im romantischen, blumenbunten Innenhof des Häusergevierts unter dem alten Nußbaum Platz. Gespräche beim Wein über den Wein. Erhard Hanke erzählt von damals und heute. Er war Weinbauspezialist bei der damaligen LPG. Jetzt betreiben seine beiden Söhne das eigene Weingut. Mit Sohn Frank fahren wir anschließend in die Weinberge. Auf dem traditionsreichen Gorrenberg, der sich nach Süden zur Schwarzen Elster hin neigt, wurden in den Jahren 1994/95 fünfeinhalb Hektar mit den Sorten Müller-Thurgau, Riesling, Kerner, Weißburgunder und Schwarzriesling neu bepflanzt. 1998 kamen weitere vier Hektar mit den genannten Sorten, sowie Traminer, Spätburgunder und Regent hinzu. Voller Stolz zeigt uns Frank Hanke nach der Weinbergbesichtigung auch die neue Keltertechnik im Kellereigebäude.

Auf den lockeren Sandböden hier in Jessen reifen vor allem leichte, fruchtige Weine. Bruder Ingo Hanke, der auf der Staatlichen Versuchsanstalt für Wein- und Obstbau in Weinsberg studiert hat, gibt uns dazu anschließend noch eine Einführungslektion.

Eine Spezialität des Weingutes ist der Schwarzriesling, der ansonsten in Sachsen nicht angebaut wird. „Ein Mitbringsel bzw. eine Empfehlung von Weinsberg“, kommentiert Ingo Hanke. Der Schwarzriesling ist ein leichter Rotwein mit feinem Tannin, weich und samtig. Es ist der Rotwein vom nördlichsten Weingut, welches zum Anbaugebiet Sachsen gehört.

Gedanken auf der Weiterfahrt.

Möge der Weinbau im nordöstlichsten der deutschen Anbaugebiete an der Elbe und auch hier an seiner nördlichsten Grenze in Jessen an der Schwarzen Elster und in Schlieben, wo wir anschließend hinfahren, weiter Bestand haben, wie auch der Rebstock allen Unbilden der Witterung trotzt und sich auch auf kargen Böden behauptet. Die Menschen, die sich um ihn mühen, haben es wahrlich verdient.

## *Von Mönchen, Moien und Müller-Thurgau*

Unterwegs durch Schlieben - die tausendjährige Stadt im Elbe-Elster-Urstromtal zwischen Liebenwerda und Herzberg. Weinbaupolitisch zählt dieses Gebiet ebenfalls mit zu Sachsen. Winklig und krumm sind die Gassen der Altstadt. Vom Markt gehe ich hinunter zur Kellerstraße mit ihren alten Weinkellern. Backsteinrote Eingänge, von großen Holztoren verschlossen und von hohen Bäumen überschattet, säumen den Weg zur Rechten und Linken. Und oben auf dem Hang ein Methusalem von einer Linde mit mächtigen Ästen, von denen jeder selbst stark wie ein Baum. Sturm und Zeit haben manches Leck in das dichte Blätterdach geschlagen. Doch wenn ein leichtes Rauschen durch Wipfel und Zweige geht, dann möchte man glauben, daß dieser mächtige Baum sich seiner Jugend erinnernd von längst vergangenen Zeiten erzählt.

Die Linden waren bei den Germanen einst der Inbegriff von Frieden, Fruchtbarkeit und Lebenskraft. Unter solch alten Bäumen führte man damals die Hochzeitsrituale durch. Doch dann kamen Mönche und brachten den christlichen Glauben und später dann auch eine andere Pflanze, die dem neuen Glauben gemäß der Inbegriff von Fruchtbarkeit und Lebenskraft war - den Rebstock.

In Schlieben waren es irgendwann im 13. Jahrhundert die Zisterziensermönche aus Dobrilugk (Doberluk), die am Südhang des Langen Berges die Eichen, Buchen und Linden rodeten und Reben pflanzten. Allmählich breitete sich die neue Kultur aus. So werden im Türkensteuerregister von 1542 zehn Weinberge in Schlieben aufgeführt. In dieser Zeit wurden auch die Keller angelegt und zehn bis dreißig Meter tief in den Lößboden getrieben.

Der mächtige Stamm vor mir, den fünf Mann nur mit Mühe umspannen können, ist dreihundert Jahre alt. Rissig die Borke. Narben der Zeit. Gesichter wie Fabelwesen. Sie schneiden Fratzen, fabulieren von Tagen, die längst vergangen.

Wohl mag die Linde trotz der Einführung des Christentums in dem Glauben des ländlichen Volkes der Inbegriff für Frieden geblieben sein, denn diese Linde hier am Langen Berg wurde als Friedenssymbol am Ende des Dreißigjährigen Krieges gepflanzt. Auch Linde und Rebe lebten hier am Langen Berg fortan in Frieden nebeneinander. 1777 zum Beispiel werden noch vierzehn Weinberge in Schlieben benannt. Doch dann kamen Zeiten, wie überall in deutschen Landen, wo der Weinbau mehr und mehr zurückging und hier in Schlieben schließlich im vorigen Jahrhundert ganz zum Erliegen kam.

Heute aber wachsen auf dem Langen Berg nicht mehr nur junge Linden, sondern auch wieder junge Reben - und auch in anderer Weise werden die überlieferten Traditionen fortgeführt.

Das herausragende kulturelle Ereignis in Schlieben ist der Moienmarkt. Jedes Jahr am ersten Juliwochenende werden die Weinkeller der Kellerstraße dafür geöffnet. Diese Veranstaltung folgt einer historischen Tradition und galt früher als Gesindemarkt. Erste Hinweise finden sich aus dem Jahre 1593. Da der von „Moie"-Mädchen (Magd) abgeleitete Markt jeweils um „Johann" stattfand, wurde er auch Johannismarkt genannt. Bauern der Umgebung nutzten diesen Tag, um Knechte und Mägde für die bevorstehende Ernte und das kommende Jahr einzuwerben. Heute feiert man den Moienmarkt als Volksfest. Die ganze Stadt ist auf den Beinen. Gäste kommen aus fern und nah. In Anlehnung an die

*Moienmarkt*

alten Sitten und Gebräuche müssen Mädchen ihre Geschicklichkeit in Haus- und Hofarbeit nachweisen. Die Beste von ihnen wird zur „Moie" des Jahres gekürt. Die Weinkeller werden mit Birkengrün geschmückt. Die alten Gewölbe laden zu einem Schoppen ein. Schliebener Wein wird allerdings erst seit kurzem wieder ausgeschenkt. Anfang der neunziger Jahre erinnerten sich die Schliebener ihrer alten Weinbautradition und begannen mit der Wiederaufrebung. Seit dem vierhundertsten Moienmarkt im Jahre 1993 hat Schlieben seinen eigenen Weinberg wieder. War es damals ein halber Hektar, so ist heute bereits über ein Hektar mit ca. 2000 Reben bestockt, davon 1700 Müller-Thurgau und 300 Bacchusreben. Zwischenzeitlich wurde auch ein Weinwanderweg angelegt, und im Jahr 1997 erfolgte bereits die fünfte Weinlese. Und ich kann ihnen versichern: Es ist ein hervorragender Wein geworden - ein Müller-Thurgau Kabinett, 80 Grad Öechsle.

Diesen guten Tropfen gemeinsam probierend berichtet Dr. Brüchner von dieser Tradition des Weinbaus, vom Moienmarkt und von der Renaissance der Weinkultur in Schlieben. Er kennt das alles genau, ist er doch Vorsitzender des „Verein zur Förderung des historischen Weinbaus in Schlieben". Dann aber spüre ich noch eine ganz besondere Thematik mit der Frage auf: „Und wann wird bei Ihnen eigentlich im allgemeinen der Wein gelesen?" Die für mich völlig überraschende Antwort lautet: „Ja, das hängt immer auch ein bißchen von der Kapelle ab!" Wieso? Warum von der Kapelle? Ich will es genau wissen! Und was ich dann erfahre, bleibt bei mir, weil so anschaulich und plastisch geschildert und die Idee so originell, mit all seinen Details im Gedächtnis haften.

Betrachte ich heute, Monate später, die Fotos von dieser Weinlese besonderer Art, blättere in den Unterlagen, die mir Dr. Brüchner überlassen, kommt es mir fast vor, als hätte ich das alles schon selbst einmal miterlebt. Aber was nicht ist, kann ja noch werden!

Ein Trompetensignal schallt über die herbstlichen Fluren, mahnt die Säumigen ihre Schritte zu beschleunigen, erhöht die erwartungsvolle Stimmung auf dem Festplatz über dem Weinberg. Das Trompetensignal geblasen vom Bürgermeister, die Ansprache und kurze Einweisung durch den Vereinsvorsitzenden, die erste Traube geschnitten von der amtierenden Schliebener Moie, dann beginnt die Lese einem Volksfest gleich. Zwischendurch gibt es zur Stärkung Speckkuchen und Fettbemmchen. Für die nötige Stimmung sorgen Wein und Federweißer, vor allem aber auch der Männerchor und die Blaskapelle. Es wird gelacht, gesungen und getanzt. Und zwischen all den fröhlichen Menschen treiben die Hollriken - die Schliebener Geister vom Langen Berg - ihren Schabernack.

*Im Weinberg Schliebener Langer Berg*

Fällt die Weinlese auf den 3. Oktober, was meist angestrebt, dann wird sie mit dem Kellerstraßenfest verbunden. Nachmittags, nach absolvierter Lese ziehen alle mit der Kapelle vom Weinberg in die Kellerstraße. Wie beim Moienmarkt sind die Keller geöffnet und außer Wein wird wiederum allerlei Unterhaltung für Jung und Alt geboten. Schön sitzt es sich auch, wenn das Wetter mitspielt, vor den Kellern. Und so ist es bei dem Ausklang der Schliebener Weinlese oft schon Mitternacht geworden.

## *Auerbachs Keller und der Marktwinzer*

In der Stadt, von der noch zu berichten sein soll, wird im allgemeinen kein Wein angebaut, aber zumindest literarisch ist sie doch auf besondere Weise mit dem Wein aus Sachsen verbunden. Wir wollen diesen Beitrag nicht verschweigen, wenn er auch nicht gerade löblich für unseren Wein ist. Läßt doch unser großer Dichterfürst Johann Wolfgang von Goethe Mephisto im Faust sagen:

*„Ich tränke gern ein Glas, die Freiheit hoch zu ehren,*
*wenn eure Weine nur ein bißchen besser wären"*

Sicher hätte der Geheimrat heutzutage als exzellenter Weinkenner, der er war, diese Verszeilen noch einmal umgeschrieben.

Aber außer diesem literarischen Bezug und Auerbachs Keller gibt es in dieser Stadt noch einen bekannten Winzer und fast legendären Rebstock. Wo aber steht dieser Methusalem, von dessen Trauben bereits Johann Wolfgang Goethe gekostet haben soll? Dichtung oder Wahrheit? Diese und viele andere Fragen beantwortet uns der Marktwinzer, Herr Stolle. Wir haben uns mit ihm auf dem historischen Markt von Leipzig an der Stelle verabredet, wo sich das Kuestnersche Bankhaus befindet, in dem heute die Sparkasse untergebracht ist. Wechselhaft war die Geschichte des Rebstockes durch die Zeiten, wechselhaft wie die Geschichte des Weinbaus in Sachsen. Manchem Winter mußte er Tribut zollen. Wunden wurden ihm geschlagen, vom Frost und von der Zeit. Aber schon wenige Sommer später zeigte er dann wieder seine dichte, schirmende Blätterwand in voller Pracht, bis man ihn dann vor wohl ca. zwanzig Jahren bei Bauarbeiten am Haus reichlich einen Meter über dem Boden kappte. Vielleicht wollte man ihn anschließend sogar roden, aber er trieb neu aus. Und der Jüngling von heute läßt die Fülle und Stattlichkeit des alten Stammes schon wieder erahnen, aus dem er gesprossen ist. Dieter Stolle kümmerte sich schon seinerzeit um den verwaisten Rebstock. Im Jahre 1990 am 9. Oktober, ein Jahr nach den großen Demonstrationen, welche die Wiedervereinigung Deutschlands einleiteten, erntete er wieder die ersten Trauben. Eine Flasche des daraus gekelterten Weines - vierzehn waren es insgesamt - wurde dem Leipziger Stadtmuseum übereignet.

So lernen wir bei unserem Besuch in Leipzig nicht nur einen der ältesten Rebstöcke und den Marktwinzer, sondern auch die Geschichte des „Neunziger Leipziger Markttröpfchens“ - des Weines der deutschen Einheit - kennen. Natürlich nur die Geschichte. Eine der seltenen Flaschen zu öffnen, wäre zu teuer. Trotzdem würde es mich interessieren, ob der Wein der deutschen Einheit ganz tadelsfrei und ohne Beigeschmack ist. Auf alle Fälle ist der Wein eine Rarität - und der Rebstock ein Methusalem seiner Art, auch wenn Goethe, wie uns Dieter Stolle versichert, nicht schon von seinen Trauben gekostet haben kann. Denn der Rebstock ist ungefähr einhundert bis einhundertzwanzig Jahre alt.

Anschließend in Auerbachs Keller. Im tiefen Keller sitz´ ich hier… an der Stirnwand vor mir ein großes, schweres Eichenfaß. Die Decke des Raumes ist wie ein Faß gewölbt, mit Bildern und Sprüchen verziert. Ein Teil von ihr ist mit einer beeindruckenden Schnitzerei bedeckt: Wie auf einem Nachen gleiten die Figuren der Walpurgisnacht daher und in der Mitte scheint ein Faß mit einem Reiter durch die Luft zu gleiten - eine Nachempfindung des Faustschen Faßrittes. Hier befindet sich auch das Hauszeichen, ein in Stein gehauener Bacchusknabe mit Krug und Faß und der Jahreszahl 1530, das von den Anfängen des Weinlokales Kunde gibt. Und weiter erfahre ich, daß bereits im Jahre 1525 hier der Medizinprofessor Heinrich Stromer aus Auerbach in der Pfalz einen vielbesuchten Weinausschank errichtete. Von 1530 - 1538 entstand über dem Gewölbe sein stattliches Haus, in dem auch der Reformator Martin Luther ein gern gesehener Gast des weltoffenen Humanisten und Wissenschaftlers war. 1625 wurde das Grundstück durch einen Umbau zu dem berühmten Kaufhof, der die Grimmaische Straße mit dem Neumarkt verband und mit seinen Verkaufsgewölben auch außerhalb der Messen eine starke Anziehung ausübte. Als Auerbachs Hof 1911 abgerissen wurde, errichtete man an gleicher Stelle einen der damals repräsentativsten Messepaläste der Stadt: das Messehaus Mädlerpassage. Auerbachs Keller und die vielhundertjährige Tradition der Gastronomie und des Weinausschanks blieben bestehen.

Vom Faßkeller gehen wir in den Goethekeller. Hier hängen zwei auf Holztafeln gemalte Bilder. Es sind die ältesten überlieferten Gemälde mit Darstellung aus Fausts Leben und sie erzählen davon, daß der Magier und Wundertäter Dr. Faust, der 1525 während der Messe in Leipzig weilte und mit dem Teufel im Bund gestanden haben soll, in diesem Weinlokal mit Studenten zechte und danach auf einem Weinfaß die Treppe heraufgeritten sei.

*Detail in Auerbachs Keller*

# Glanzpunkte

## *Herbst- und Weinfest in Altkötzschenbroda*

*Es irrt der Mensch, so lang´ er strebt,*
*doch strebt er zu dem Weinfest, irrt er selten.*
*Hier gibt es das, was nirgends man erlebt,*
*sei es in Kellern Höfen oder Zelten ...!*

Vor reichlich fünfhundert Jahren, genau 1497, wurden für Kötzschenbroda die Gerichtsbarkeit und das Marktrecht bestätigt. Die Galerie der Häuserveteranen des alten Dorfkerns beflügelt die Phantasie und weckt die Neugier wie die Frage: Wie mag es damals vor einem halben Jahrtausend hier ausgesehen haben? Niedrige Häuser - Bauerngehöfte zu beiden Seiten des Dorfplatzes und hinter den Häusern die Felder, so müssen wir uns das Kötzschenbroda von damals vorstellen. In der sanft geneigten, der Elbhangböschung vorgelagerten Heidesandterrasse hatten die meisten Bauern aber noch ihren Weinberg. Was ich erlesen, erfragt und gehört, fügt sich wie ein Mosaik zu den Bildern von damals. Still war es hier in der Abgeschiedenheit der Lößnitzgemeinde. Nur an den Markttagen änderte sich das Bild. Dann fand ein großes Spektakel statt. Händler boten lauthals ihre Waren feil. Trommeln und Schellen kündeten von der Gaukler Treiben. Bier und Wein flossen in Strömen. Ein Höhepunkt solcher Festlichkeiten war dann später die Winzerkirmes zur Zeit der Weinlese. An diese Tradition erinnert jetzt wieder das alljährlich stattfindende Herbst- und Weinfest in Radebeul.

Es ist am Freitag des dritten Wochenendes im September am historischen Dorfanger in Altkötzschenbroda. Der Einzug der Weinkönigin gemeinsam mit Bacchus und seinem Gefolge leitet das Weinfest ein. Die offizielle Eröffnung erfolgt dann mit dem Anstich des ersten Fasses Federweißer durch den Radebeuler Bürgermeister. Die Nacht zum Sonnabend ist lang, doch trotzdem feiert man am Sonnabend und Sonntag unverdrossen weiter - genießt Wein und Weinfestatmosphäre in dem besonderen Flair von Altkötzschenbroda.

Schmal sind die der Straße zugekehrten Giebelgesichter - manche nur zwei Fensteraugen breit. Tief aber liegen die Keller und weit sind die Höfe, die zum Weinfest geöffnet haben und dann „Weinhof" oder „Hoftheater" heißen, denn an diesem Wochenende findet auch das Wandertheaterfestival statt. Auch auf dem historischen Dorfanger und rund um den Kirchplatz sind Verkaufsstände und Bühnen aufgebaut und vor allem die Weinstände der Winzer des Elbtals. So kommt der Rundgang auf dem Dorfanger fast einer Weinstraßenwanderung gleich und statt Rucksack und Wanderstock, wird das Schoppenglas gleich in der Hand ausgeschenkt. Über fünfzig Weinstuben, -höfe und -stände laden zum Verweilen und Probieren ein. Auch Weine der anderen deutschen Anbaugebiete kann man erhalten. Ringsum Trubel - Weinfeststimmung. Die besondere stimmungsvolle Atmosphäre liegt aber auch oft abseits des Geschehens, ein romantischer Innenhof, ein alter Keller, der uns seine Geschichte und Geschichten erzählt oder wie vor zwei Jahren das Zigeunerlager auf der Streuobstwiese zwischen Pfarrhaus und Elbe. Die Planwagen im Winkel gestellt. Ein Lagerfeuer. Eine Bühne. Zigeunermusik. Lieder und Tänze. Zu würzigen Speisen gibt es Weißen und Roten. Und wo Tische und Bänke nicht reichen, hat man Decken ausgebreitet. Picknick im Grünen. Romantik des fahrenden Volkes, wie es sie wohl auch in den vergangenen Jahrhunderten zu den Markttagen und zur Winzerkirmes in Altkötzschenbroda gab.

## *Abschluß und Höhepunkt - das Weinfest in Meißen*

Hellviolett blüht in den Vorgärten die Herbstzeitlose, spitzt ihre Blütenblätter wie dürstend zu einem Kelch, um von dem wärmenden Sonnenschein zu trinken. Der Altweibersommer webt wieder seine weißen Fäden. Es ist die Zeit, da wir in Meißen, wie alljährlich, das Weinfest feiern. Vielleicht schwingt bei ihm noch ein Stück der Tradition der mittelalterlichen Spiele und Feste mit, wie sie vor allem zur Zeit Markgraf Heinrich des Erlauchten stattfanden. Turniere wurden durchgeführt, Waren feilgeboten und natürlich Wein getrunken. Selbst in unseren Zeiten kommen viele Fremde, aber statt Waren bringen sie ihre Neugier und ihre Vorliebe für einen guten Wein und ein paar fröhliche Stunden mit. Auch die Galerie alter Bürgerhäuser in der Innenstadt erinnert an vergangene Zeiten, wenn auch nicht an die Heinrich des Reichen.

Es ist am Sonnabend des dritten Wochenendes im September, das Weinfest in Meißen hat wieder begonnen. Erwartungsvolle Stimmung vor dem großen Umzug. Drängen und Hälserecken. Endlich taucht der Festzug auf, passiert die Elbbrücke. Voran eine Blaskapelle. Dann hat sich, wie der Legende nach beim Besuch des Kurfürsten, der Gänsejunge von Meißen nach vorn gedrängt. Doch nicht ein Kurfürst schickt sich an heute Meißen zu besuchen, sondern im folgenden Festwagen sitzt weinglasschwenkend eine andere Majestät - die Sächsische Weinkönigin Anja I.. Danach die Weinbaugemeinschaften mit ihren Festwagen und den Winzern und Winzerinnen in ihren bunten Westen und Kostümen. Ihnen folgen die Weingüter, die Winzergenossenschaft und das Staatsweingut. Wein und Federweißer werden ausgeschenkt. Ein Teil der Zuschauer versucht ein Gläschen zu ergattern. Andere bemühen sich um einen Schnappschuß. Lohnende Fotomotive bieten auch die Spielmannszüge. Fesche Uniformen. Kurzberockte Mädchenbeine über strammen Stiefelwaden. Zünftig die Musik. Tanz- und Folkloregruppen folgen. Alle sind gekommen und stellen sich vor, die Betriebe, Vereine und Gewerbetreibenden der Stadt. Auf einem der Festwagen ein fülliger Bacchus. Um den nackten Oberkörper nur eine Schärpe. Es ist wahrlich nicht gerade warm. Er aber strahlt und schwenkt ohne Unterlaß sein Glas. „Der hat doch keinen Wein im Glas, den wärmt vielleicht ein Kognak", vermutet einer der Umstehenden.

Das Meißner Weinfest - man muß es ganz einfach einmal erlebt haben, dieses faszinierende Kunterbunt, diese unvergleichliche Stimmung. Rufe, Lachen, Fröhlichkeit. Käufer und Schaulustige drängen und schieben. Bänke und Tische, wie Inseln im Strom, laden zu einem Schwätzchen oder einem Schoppen ein. Mit dem Weinfest ist es wie mit dem Wein selbst: Man kann ihn zwar beschreiben, ein wirklicher Genuß ist es jedoch, ihn selbst zu probieren, zu trinken. Und genießen heißt auch beim Weinfest: schauen, schmecken - prüfen mit allen Sinnen und das ist nicht nur hier auf dem Marktplatz möglich, sondern auch auf den anderen Plätzen und Straßen in der Altstadt, wo buntgeschmückte Innenhöfe einladen und wo alte Keller für das Fest aus ihrem Dornröschenschlaf geweckt, sich gastlich präsentieren. Auch manches andere idyllische Fleckchen lädt zum Verweilen ein, die alten Weinschänken, die kleinen Plätze. Weinlieder erklingen - der Winzerchor singt. Der Weg durch die historische Altstadt ist ein wahrer Pilgerpfad für Bacchusjünger.

*Stimmungsvoller Ausklang des Weinfestes*

## *In einer Chronik wie in der Erinnerung geblättert*

Ein neuer Tag beginnt. Das Weinlaub ist noch naß vom Regen der Nacht. An diesem Wochenende werden die Rebsorten Weißburgunder und Ruländer gelesen. Die Winzer im Elbtal hätten sich schon noch ein paar Sonnentage, wie ein paar Oechsle mehr gewünscht, sind sie doch von den Rekordmostgewichten im Vorjahr verwöhnt. Aber es wird trotzdem eine gute Ernte werden. Weinmond nannten unsere Altvorderen den Oktober. Goldener Herbst und Weinlese, das sind die gedanklichen Assoziationen, die wir damit verbinden. Aber am Freitag, dem neunten Oktober, sieht zumindest wettermäßig alles ganz anders aus. Und doch ist gerade diesem grauen trüben Tag noch ein besonderer Glanzpunkt vorbehalten.

Meißen: Burg und Dom grüßen den Besucher schon von weitem und sind Wahrzeichen der tausendjährigen Stadt. Hier lag, der urkundlichen Ersterwähnung aus dem Jahr 1161 nach, auch die Wiege des sächsischen Weinbaus. Heute nun findet hier ein alljährlicher Höhepunkt des kleinsten und nordöstlichsten der deutschen Weinanbaugebiete statt - die Wahl der Weinkönigin.

Angefangen hat eigentlich alles vor elf Jahren in Meißen. Am 31.10.1987 wurde im Hamburger Hof das 35-jährige Bestehen der Weinbaugemeinschaft Winkwitz gefeiert und die Winzermeisterin Irene I. als Weinkönigin gekürt. Ihr folgte zwei Jahre später Gudrun I., eine Lehrerin aus Meißen. Als dritte Weinkönigin nennt die Chronik Silke I., eine Winzermeisterin aus Weinböhla. Damals stieß sich noch niemand daran, daß alle drei verheiratet waren und zwei bis drei Kinder hatten. Auch nicht daran, daß in Ermanglung einer Neuwahl die Regentschaft auch schon mal um ein Jahr verlängert wurde.

Ledig und nach neuem Reglement, aber noch mit Paillettenkrone, begann 1992 Anke Römer - Anke I. - ihre Amtszeit. Ihr war es vorbehalten, im Mai 1992 die Sächsische Weinstraße aus der Taufe zu heben. Aus der Paillettenkrone wurde im Laufe ihrer Regentschaft ein sehr ansprechendes Diadem, gefertigt vom Goldschmied Dieter Forberger. Für das Jahr 1993 nennt die Chronik Jana Ulrich vom nördlichsten Endpunkt der Sächsischen Weinstraße, aus Diesbar-Seußlitz, als Weinkönigin. Ihr folgte 1994 Yvonne Rückert aus Coswig.

Ein Novum bescherte uns das Jahr 1995 - eine Weinkönigin nicht von der Elbe, sondern von der Pleiße. Sie hieß Edda Schmidt und kam aus Leipzig. Wer aber wurde 1996 in unserem Land die Weinkönigin?

Es war beim Weinbautag im Februar 1996 im Schloß Wackerbarth, da wurde Ines Hoffmann, die Jurastudentin aus Pillnitz, gewählt. Im gleichen Jahr wurde sie als Beste der dreizehn Anbaugebiete unserer Heimat auch Deutsche Weinkönigin. Eine große Auszeichnung für sie, aber auch für unser kleinstes der deutschen Anbaugebiete.

Interimsweinkönigin bis zur Neuwahl war dann die Weinprinzessin Anke Naumann und ihr folgte als Weinkönigin 1997/98 Anja Bahner.

*Ines Hoffmann wird zur sächsischen Weinkönigin von ihrer Vorgängerin Edda Schmidt gekürt*

## *Wahl der neuen Weinkönigin*

Am Abend des 9. Oktober im großen Festsaal der Albrechtsburg. Dieser größte und prunkvollste Raum des ganzen Schlosses hat sich heute besonders fein gemacht. Weißgedeckte Tafeln unter den hohen Gewölben. Festlich gekleidet die Gäste. Erwartungsvolle Stimmung.

Am vorigen Wochenende wurde in Freyburg die 50. Deutsche Weinkönigin gewählt. Eine Woche später findet heute hier die Wahl der Sächsischen Weinkönigin statt.

Zuerst die Begrüßung der Ehrengäste durch den Vorsitzenden des Weinbauverbandes Dr. Heino Blawitzki, dann eine Würdigung der Arbeit von Anja Bahner, der scheidenden Weinkönigin. Während der Zeit ihrer Regentschaft hat sie sich wahrlich mit viel Einsatz und Engagement um die Präsentation des sächsischen Weines bemüht. Sie bekommt Blumen. Ein Küßchen im Scheinwerferlicht. Vielleicht auch eine heimliche Träne. Ade Anja, du warst eine gute Königin. Einige kurze Ansprachen folgen. Ein Musikstück. Dann beginnt die langerwartete Wahl der neuen Weinkönigin.

Susanne Menzel, Andrea Creutz und Annett Meichsner, so heißen die drei Bewerberinnen, sie sind wahrlich nicht zu beneiden. Das erste Mal vor so einem großen Publikum und das gar im Wettstreit um eine Krone. Aber auch die Jury steht vor einer komplizierten Aufgabe, hat sie doch zwischen drei fast gleichwertigen Bewerberinnen zu entscheiden, die alle mit viel Charme und Wissen um den Wein ihr Bestes geben. Fünf Fragen werden ihnen getrennt und nacheinander vom Leiter der Gebietsweinwerbung Walter Schuh gestellt.

Was würden sie zur weiteren Verbesserung des Ansehens des sächsischen Weins tun, wenn sie Weinkönigin würden? Warum ist der sächsische Wein teurer als die anderen deutschen Weine? Wie groß war die Rebfläche Sachsens vor der Reblauskatastrophe? Hätten Sie es gewußt? Der schwierigere Teil der Fragen aber kommt dann. Verschiedene Rebsorten müssen an Hand von Trauben und Blättern erkannt werden. Desgleichen sind die jeweiligen Rebsorten nach Verkostung der entsprechenden Weine zu benennen. Eine wahrlich sehr anspruchsvolle Prüfung, die aber von den ersten zwei Kandidatinnen mit Bravour gemeistert wird. Als letzte kommt Annett Meichsner nach vorn. Auch sie bestätigt ihr gutes Fachwissen, würzt es mit einigen persönlichen Beigaben, wie: „Wein ist gesund und macht auch nicht dick!" Dann folgt die Pause - das kalte Büfett.

Gespräche und auch immer wieder die Frage: Welche der drei Bewerberinnen wird wohl das Rennen machen? Doch auch, als alle wieder die Plätze eingenommen haben, noch keine Antwort, sondern zuerst die Auszeichnung der zehn gastronomischen Betriebe, die sich um das Gütesiegel „Besonders empfohlen an der Sächsischen Weinstraße" beworben haben. Verdienter und herzlicher Beifall für die Ausgezeichneten. Machen sie doch, genau wie die neu- bzw. wiedererstandenen Weingüter und Straußwirtschaften die Sächsische Weinstraße - die schönste Straße Sachsens, noch schöner, noch interessanter und besuchenswerter.

*Die neue Weinkönigin Annett Meichsner mit Anja Bahner*

Dann wird es ganz still im Saal. Gespannt schaut auch Heinrich I. auf sein Schwert gestützt, vom hohen Sockel. Die Jury verkündet die Entscheidung. Die neue Weinkönigin heißt Annett Meichsner. Sie ist Fachverkäuferin und zur Zeit als Verkaufsberaterin für Porzellan im Kempinski Hotel tätig. Sie ist glücklich, man sieht es ihr an. Ein strahlendes Gesicht. Blond. Weiß die Bluse im Kontrast zur schwarzen Weste. Man setzt ihr die Krone auf. Als Hoheit nun erst recht ein lohnendes Fotomodell. Blitzlichtgewitter. Ein schönes Bild gemeinsam mit Anja Bahner, ihrer Vorgängerin. Erste Interviews. Ein kurzes Dankeswort. Alles ist noch so ungewohnt. Aber man merkt ihr an, sie besitzt außer Weinwissen auch Ausstrahlung.

## *Ein Winzerjahr geht zu Ende*

*Auf die Erfolge, die wir hatten,*
*da stößt man gut und gerne an -*
*doch geht´s nicht immer so vonstatten.*
*Erfolg kommt oft nicht recht voran ...*

*Dann offenbart sich dir auf Erden*
*der Reben Weisheit letzter Schluß:*
*Es darf auch schon begossen werden,*
*was man erst noch erreichen muß ...!*

In herbstlich bunten Farben leuchten die Weinberge an den Elbhängen. Ein faszinierendes Bild am Morgen. Die Sonne leckt den Tau von den Wiesen der Elbaue, zündet die Feuer eines schönen Herbsttages. Nebel steigen wie Rauch. Im Gegenlicht lodern Rebstöcke gleich Flammen. Die Weinlese findet ihren Abschluß. In einem Farbenrausch verglüht der Herbst.

Das war vor zwei Wochen. Doch den Tagen des goldenen Herbst folgten Regen und Sturm. Die Rebstöcke wurden arg gezaust, stehen nun schon fast nackt und kahl in der Landschaft. Doch Anja Bahner, unsere Ex-Weinkönigin weiß einen Weinberg, der wohl auch zum Teil seiner Blättergirlanden beraubt, der aber das Beste noch bewahrt - seine Trauben. Es ist der Weinberg der Sächsischen Weinkönigin am Schwalbennest im Spaargebirge. Es ist am letzten Wochenende im Oktober, als nun die Lese erfolgte.

Nicht hoch zu Roß, aber ganz oben auf dem Traktor fährt Anja Bahner mit dem Leiter der Gebietsweinwerbung, Walter Schuh, allen voran den Weinberg hinauf.

Auch in früheren Zeiten waren Sachsens gekrönte Häupter sehr um die Weinlese bemüht, wenn natürlich auch in etwas anderer Weise. Überliefert sind uns zum Beispiel die Weinlesefeste August des Starken. Doch anders ist das heute. Wir haben eine Weinkönigin, das heißt eigentlich gleich zwei: Die alte und die neue. Vor drei Wochen wurde Annett Meichsner auf der Albrechtsburg zur neuen Repräsentantin des Sächsischen Weines gekürt. Alle beide sind heute erschienen, um bei der Lese selbst mit Hand anzulegen. Und obwohl Königinnen, tragen sie keine gepuderten Perücken oder gar lange Gewänder, sondern über den derben hohen Schuhen ein paar stramm sitzende Jeans. Eine dicke Jacke noch über den Pullover gezogen, denn es ist schon empfindlich kühl. Im Gefolge des königlichen Duos und der Prinzessin, Vertreter des Weinbau- und Tourismusverbandes, Journalisten und einige weitere Freunde des sächsischen Weines.

Der Wind pfeift hier oben, zerrt an den Sachen, läßt unter uns auf der Elbe die Wellen tanzen. Mit Scherz, Schabernack und klammen Fingern ist bald die Ernte eingebracht. Mit dieser Lese hat Anja I. den Weinberg nun an ihre Nachfolgerin übergeben. Was aber heute geerntet wurde, der 98er Jahrgang, ist ihr Wein, wie ihr Erfolg.

Nach etwa zwei Stunden bewegt sich die kleine Prozession wieder zurück in das Weingut Walter Schuh. Nach Losentscheid ist das Weingut zuständig, den königlichen Wein der diesjährigen Ernte zu keltern. Angekommen gibt es einen

Glühwein. Ein Imbiß folgt. Dann wird das Lesegut vom Maischewagen zur Waage gefördert. Wieviel Kilo werden es wohl in diesem Jahr sein? Achthundertachtundachtzig Kilogramm zeigt die Waage. Wer vorher am besten geschätzt, erhält als Preis einen Karton mit sechs Flaschen Wein. Kaum zu glauben, dann wird gleich noch einmal die Achterfolge als Glückszahl serviert. Achtundachtzig Oechsle ergibt die Bestimmung des Mostgewichtes. Wenn das kein Glück bringt!

Ein Winzerjahr geht seinem Ende entgegen. Bald schon wird uns der Winter wieder mit frostiger Hand in die Wangen kneifen. Wenn dann der neue Jahrgang des Weines in den Fässern reift, werden wir uns an einem Gläschen eingefangenen Sonnenscheins des vergangenen Sommers erfreuen. Was aber wird der neue Wein wie das neue Jahr uns bringen?

*Weinlese*

# KLEINE SÄCHSISCHE WEINKUNDE

## *Rebsortenspiegel, Rebflächengröße und Durchschnittserträge*

Gegenwärtig ist auch in Sachsen der Trend zu den traditionellen Rebsorten vorhanden. Im Vergleich zu 1990 ist eine Zunahme bei Riesling, Spätburgunder und Elbling zu verzeichnen.

Die Durchschnittserträge liegen in Sachsen bei rund 40 Hektoliter pro Hektar, wobei Maximalerträge von rund 75 und Minimalerträge von 15 Hektolitern, insbesondere aufgrund der Spätfrostgefährdung möglich sind.

Die Gesamtrebfläche beträgt zur Zeit 428 Hektar. Davon sind insgesamt 398 Hektar mit Reben bestockt. Abzüglich der Neuanpflanzungen beträgt die Ertragsrebfläche 335 Hektar.

Mit Stand per 20.09.99 verteilten sich die Rebsorten gemäß nachstehender Übersicht.

| **Rebsorte** | **ha** | **%** |
|---|---|---|
| Müller-Thurgau | 96 | 24,1 |
| Riesling | 63 | 15,8 |
| Weißer Burgunder | 49 | 12,3 |
| Ruländer | 33 | 8,3 |
| Kerner | 27 | 6,8 |
| Traminer | 26 | 6,5 |
| Blauer Spätburgunder | 24 | 6,0 |
| Elbling | 17 | 4,3 |
| Dornfelder | 14 | 3,5 |
| Goldriesling | 10 | 2,5 |
| Sonstige Sorten | 39 | 9,9 |
| **Summe ha** | **398** | **100** |

## *Goldriesling*

Eine Besonderheit im Weinbau Sachsens ist der Goldriesling. Diese aus dem Elsaß stammende, von Christian Oberlin in Colmar Ende des vorigen Jahrhunderts gezüchtete Rebsorte, gibt es nur noch in unserem Anbaugebiet. Sie ist aus einer Kreuzung von Riesling und der französischen Keltertraube Courtiller musque entstanden. Da sie verhältnismäßig spät austreibt und bereits eine Woche vor dem Müller-Thurgau gelesen wird, eignet sie sich besonders für den Anbau in spätfrostgefährdeten Lagen.

Die Weine des Goldriesling haben ein feinwürziges Bukett und sind hervorragend als Schoppenweine geeignet.

## *Müller-Thurgau*

Professor Hermann Müller, aus dem Kanton Thurgau in der Schweiz, züchtete im Jahr 1882 diese nach ihm benannte Rebsorte in Geisenheim. Sie galt jahrelang als eine Kreuzung Riesling x Silvaner. Entsprechend den neuesten Erkenntnissen der Genforschung ist es aber tatsächlich eine Kreuzung Riesling x Gutedel. Im Jahr 1923 oder 1924 ist ihr erster Anbau durch den Weinbaurat Pfeiffer in der Lößnitz, höchstwahrscheinlich im Wackerbarthschen Weinberg, nachweisbar. Die große Ausbreitung dieser Rebsorte in Sachsen begann Ende der 40er, Anfang der 50er Jahre unseres Jahrhunderts.

Frühe Reife, vergleichsweise geringe Lageansprüche und weitestgehende Ertragsstabilität verhalfen dem Müller-Thurgau zu großer Bedeutung und Beliebtheit. Selbst in schlechten Jahren bringt diese Sorte noch ansprechende Ernten und Qualitäten.

Die Weine sind blumig und fruchtig mit einem leichten Muskatton. Sie eignen sich hervorragend als Schoppenweine.

## *Traminer*

Wie in den anderen deutschen Anbaugebieten der Riesling, gilt bei uns der Traminer als Inbegriff der Qualität sächsischer Weine. Er gehört zu den ältesten Rebsorten in unserem Lande und wurde 1774 zum ersten Mal eindeutig erwähnt. Seinen Ursprung soll die Rebsorte in Südtirol, im kleinen Ort Tramin, haben. Die Weine sind aromatisch und erinnern in ihrem Duft oft an Rosen. Obwohl der Traminer in nahezu allen Lagen Sachsens angebaut wird, gibt es bevorzugte Standorte, wie zum Beispiel den Goldenen Wagen in Radebeul, das Rosengründchen in Meißen und den Proschwitzer Katzensprung. Besonders günstig sind die warmen Lößböden in den Steillagen, da sie auch in trockenen Jahren noch ausreichende Wasserreserven besitzen. Auf extrem leichten Böden sind in solchen Jahren Mindererträge durch Verrieselung, d. h. ungleiche Traubenausbildung, zu erwarten.

## *Weißer Burgunder*

Der Weiße Burgunder gehört gleich dem Traminer zu den Spitzenrebsorten in Sachsen. Neben dem Müller-Thurgau ist er die am häufigsten angebaute Rebsorte.

Der Weiße Burgunder ist eine Mutation aus der vielfältigen Burgunderfamilie. Zu welchem Zeitpunkt diese Rebsorte in Sachsen heimisch wurde, ist heute nicht mehr nachweisbar. Auf alle Fälle gehörte sie bereits 1750 zu den empfohlenen Rebsorten. Eventuell haben fränkische Siedler sie mit ins Elbtal gebracht. Warme und steile Südhänge sagen dem Weißen Burgunder besonders zu. Die Weine sind von Gehalt und Körper mittel bis kräftig und eignen sich hervorragend für Prädikatsweine.

## *Riesling*

Unbestritten stellt auch in Sachsen der Riesling eine wertvolle weiße Rebsorte dar. Unter Berücksichtigung der besonderen klimatischen Bedingungen sind ihm die besten, meist terrassierten Lagen in unserem Anbaugebiet vorbehalten.

Bereits 1649 wird über den Anbau des „Rüstling-Stegl" am Gorrenberg im Elstertal berichtet. Von besonderen Ausnahmen abgesehen, findet die Weinlese in Sachsen mit dem Riesling zu einem Zeitpunkt ihren Abschluß, wenn bereits goldenes Weinlaub im Spätherbst vom nahenden Winter kündigt.

Rieslingweine zeichnen sich durch feine Rasse und Eleganz, sowie ein an Pfirsich erinnerndes Bukett aus. Unterschiedliche Jahrgänge und Bodenarten verfeinern den Riesling in seinen Nuancen.

## *Ruländer (Grauer Burgunder)*

Vor 150 Jahren war der Ruländer einer der „großen Weine" und gehörte insbesondere auch in Sachsen zu den Spitzenqualitäten. Mit Beginn des zwanzigsten Jahrhunderts ging der Anbau jedoch zugunsten ertragreicher Rebsorten zurück. Der Wein verlor an Image und Bedeutung. Der Ruländer ist wahrscheinlich aus einer Mutation des Blauen Spätburgunders entstanden. So findet man bei der Lese häufig innerhalb einer Traube blaue und weiße Beeren. Zum Teil sind auch einzelne Beeren noch verschiedenfarbig. In Deutschland wurde diese Rebsorte um 1711 von einem Kaufmann Ruland aus Speyer bekannt gemacht und nach ihm benannt.

Man ist in Sachsen bemüht, das Image dieses Weines wieder aufzubessern, zumal in guten Jahren sehr beachtliche Qualitäten erreicht werden.

Ruländerweine sind sehr gehaltvoll und erinnern insbesondere nach längerer Lagerung mit Ihrem Bukett ein wenig an Honig.

Bei Ruländer und Grauburgunder handelt es sich um die gleiche Rebsorte. Betont körperreiche und vollmundige Weine werden vorzugsweise unter dem Namen Ruländer vermarktet. Trockene und markant säurereiche Weine werden als Grauer Burgunder angeboten.

## *Kerner*

Der Kerner ist eine Züchtung der staatlichen Lehr- und Versuchsanstalt für Wein- und Obstbau in Weinsberg, gekreuzt aus den Rebsorten Trollinger x Riesling. Der Name der Rebsorte ist eine Referenz an den württembergischen Arzt und Dichter Justinius Kerner.

Der Kerner ist die wichtigste in Sachsen angebaute Neuzüchtung, und wurde Ende der 60er Jahre zuerst in Radebeul eingeführt. Er hat, trotz mancher Probleme im Anbau, eine große Verbreitung gefunden, da er ein rieslingähnlicher Wein ist und auch in schlechteren Jahren vergleichsweise gute Qualitäten bringt.

Die Weine des Kerner sind frisch, fruchtig und rassig, gelegentlich haben sie einen leichten Muskatton.

## *Scheurebe*

Eine weitere Züchtung, die vor ungefähr dreißig Jahren im kleinen Umfang im Elbtal Einzug gehalten hat, ist die Scheurebe. Die Kreuzung aus den beiden Standardsorten Silvaner x Riesling erhielt ihren Namen von dem Züchter Konrad Scheu. Steile, nicht allzu trockene Südhänge garantieren hohe Weinqualitäten. Die Weine haben eine rassige Säure und ein an schwarze Johannisbeeren erinnerndes Bukett.

## *Gutedel*

Der Gutedel gehört zu den ältesten Rebsorten. Man soll ihn bereits vor 2800 Jahren in Ägypten angebaut haben. Durch die Römer soll er dann nach Europa gebracht worden sein.
Vor zweihundert Jahren gehörte der Gutedel zu den bevorzugt angebauten Rebsorten in Sachsen.
Heute beschränkt sich der Anbauwert des Gutedels weitgehend auf kleinere Parzellen, Weinbergsmauern und Hausspaliere.
Der Ertrag ist in guten Weinbaujahren hoch.
Die Weine des Gutedels sind hervorragend als Schoppenweine geeignet.

## *Elbling*

Der Elbling war im Mittelalter einer der verbreitesten Weine. Möglicherweise haben ihn bereits fränkische Siedler und Zisterziensermönche aus den westlichen Regionen mitgebracht. Aufgrund der vergleichsweise hohen Ertragsmengen war er ein typischer „Zehntwein". Im neunzehnten Jahrhundert ging der Anbau des Elbling stark zurück, da gehaltvollere Weine bevorzugt wurden. Heute wird er wieder insbesondere in der Lage Schloß Proschwitz angebaut. Als fruchtiger, spritziger, leichter Wein ist er ein idealer Begleiter für leichte Speisen.

## *Blauer Spätburgunder*

Aus den Trauben des Blauen Spätburgunders werden die edelsten Rotweine erzeugt. Seit alters her hat diese Rebsorte den Weinbau in Sachsen geprägt. Nachweisbar ist, daß vor 150 Jahren auf dem Pillnitzer Königlichen Weinberg vorwiegend rote Rebsorten, hauptsächlich Blauer Spätburgunder, angebaut wurden.

Die Weine des Blauen Spätburgunders sind vollmundig, samtig und in ihrer Farbe feurigen Rubinen vergleichbar.

## *Dornfelder*

Diese im Jahre 1955 in Weinsberg gezüchtete Rebsorte hat in den vergangenen Jahren in Sachsen eine gewisse Verbreitung gefunden. Aus dieser Sorte gekelterte Weine sind tiefrot und sehr farbintensiv. Fruchtigkeit und milde Säure ergeben einen ansprechenden Rotwein, der in seinem Bukett leicht an Kirschen bzw. Brombeeren erinnert.

## *Verzeichnis der Lagen im Weinbaugebiet Sachsen*

### *Bereich Meißen*

Großlage Spaargebirge

Einzellagen:

| | |
|---|---|
| Kapitelberg | Herkunftsgemeinde: Meißen |
| Rosengründchen | Herkunftsgemeinde: Meißen |
| Klausenberg | Herkunftsgemeinde: Meißen |
| Katzensprung | Herkunftsgemeinde: Proschwitz |
| Schloß Proschwitz | Herkunftsgemeinde: Proschwitz |

Großlage Schloßweinberg

Einzellagen:

| | |
|---|---|
| Heinrichsburg | Herkunftsgemeinde: Seußlitz |
| Gellertberg | Herkunftsgemeinde: Weinböhla |

großlagenfrei

Einzellagen:

| | |
|---|---|
| Klosterberg | Herkunftsgemeinde: Ostritz |

Großlage Elbhänge

Einzellagen:

| | |
|---|---|
| Königlicher Weinberg | Herkunftsgemeinde: Pillnitz |
| Bauernberge | Herkunftsgemeinde: Merbitz |
| Jochhöhschlößchen | Herkunftsgemeinde: Pesterwitz |

| | |
|---|---|
| Großlage Lößnitz | Herkunftsgemeinde: Radebeul |

Einzellagen:

| | |
|---|---|
| Goldener Wagen | Herkunftsgemeinde: Radebeul |
| Steinrücken | Herkunftsgemeinde: Radebeul |
| Johannisberg | Herkunftsgemeinde: Radebeul |

### *Bereich Elstertal*

großlagenfrei

Einzellagen:

| | |
|---|---|
| Gorrenberg | Herkunftsgemeinde: Jessen |
| Katzenzehe | Herkunftsgemeinde: Kleindröben |
| Langer Berg | Herkunftsgemeinde: Schlieben |

Die Herkunftsgemeinde gibt den Ort an, unter dem der Wein der angeführten Lage vermarktet werden darf, auch wenn eventuell Teile der Lage in das Gebiet einer anderen Ortsflur übergreifen.

## *Zeittafel – wichtige Jahreszahlen zur sächsischen Weinbaugeschichte*

| | | |
|---|---|---|
| 1161 | Ersterwähnung des Weinbaues im Elbtal | 12, 13 |
| 1195 | Das Kloster Altzella erwarb das Dorf Zadel und führte dort den Weinbau ein | 14 |
| nach 1220 | Markgraf Dittrich übergibt dem Kloster „Zum Heiligen Kreuz" einen Weinberg im benachbarten Drosselgrunde | 14 |
| 1233 | übereignet Markgraf Heinrich dem Kloster „Zum Heiligen Kranz" den „Rodewanesberg" (Roitzschberg) bei Gröbern | 14 |
| 1241 | Bischof Konrad verfügt den Zehnten eines im Rauhental gelegenen Weinberges dem Kloster Buch | 14 |
| 1249 | Weinberge zwischen Golk und Seußlitz benannt | 14 |
| 1266 | Bischof Albert II. schenkt den Meißner Domherren einen nahe Cossebaude gelegenen Weinberg | 14 |
| 1269 | erwarb das Meißner Domkapitel in Oberwartha, die „Liebenecke" | 14 |
| 1271 | erste Nachricht über den Weinbau der Lößnitz (Bischof Withego I. schickt dem Kloster Sitzenroda zwölf Fuder Wein von „Koschebrode") | 14 |
| 1272 | erste urkundliche Benennung des Seußlitzer Weinbaues und des Seußlitzer Klosters der Klarissinnen | 58 |
| 1373 | wird eine Weinpresse der Meißner Bischöfe in Zitzschewig erwähnt | 69 |
| 1403 | erste Erwähnung von Weinbergen in Pillnitz | 14 |
| 1420 | Weinberge in Jessen an der Elster benannt | 14 |
| 1436 | Friedrich der Sanftmütige belehnt einen Geleitsmann mit Weinbergen bei Weinböhla | 61 |
| 1473 | Weinberge in Süptitz bei Torgau benannt | 14 |
| 1542 | erstmals Weinberge in Schlieben aufgeführt | 113 |
| 1547 | erstes nachweisliches Verzeichnis der zur Hoflößnitz gehörenden „Kurberge" | 78 |
| 1588 | „Churfürstlich Sächsische Weinbergsordnung" erlassen | 17 |
| 1604 | Christian II. ließ durch den aus Stuttgart stammenden Dr. Aichmann den Weinbau nach württembergischer Art (mit Trockenmauern) anlegen | 19 |
| 1622 | Das Spitzhaus wird als Weinberghaus errichtet | 80 |
| 1650 | Herrenhaus „Hoflößnitz" im Auftrag von Georg I. durch Baumeister Ezechiel Eckhard errichtet | 78 |
| 1667 | Paul Knohll, Bergverwalter in der Hoflößnitz gibt sein „Klein Vinicultur Büchlein" heraus | 78 |
| 1674 | Die Winzersäule in Loschwitz wird von Johann Friedrich Müller aufgestellt | 101 |
| 1680 | das Weingut „Wilder Mann" wird erbaut | 90 |
| 1705 | Beginn des Baues der Loschwitzer Kirche als Weinbergkirche | 99 |
| 1723 | Beginn des Baues der Pillnitzer Weinbergkirche | 105 |

| | | |
|---|---|---|
| 1727 | Schloß Wackerbarths Ruh von Christoph Knöfel fertiggestellt | 71 |
| 1750 | Spitzhaustreppe nach den Plänen Pöppelmanns fertiggestellt | 80 |
| 1799 | Gründung der Sächsischen Weinbaugesellschaft | 21, 22 |
| 1810 | Die Sächsische Weinbaugesellschaft erwirbt den königlichen Weinberg in Zaschendorf (Fürstenberg) | 24 |
| 1811 | Die Winzerschule auf dem Fürstenberg nimmt ihre Arbeit auf | 24 |
| 1817 | An der Porzellanmanufaktur wird durch Johann Samuel Arnold das Dekor „Voller grüner Weinkranz“ geschaffen | 48 |
| 1839 | Die oberen Coswiger Flurteile werden bezeichnet als Weinbergsgemeinde | 64 |
| 1840 | Winzerfest der Sächsischen Weinbaugesellschaft in der Oberlößnitz | 26, 27 |
| 1887 | (19. August) Die Reblaus wird erstmalig in der Oberlößnitz festgestellt | 28 |
| 1901 | Erste Versuche mit Rebveredlung (Grünveredlung) in der Lößnitz | 29 |
| 1907 | Baumeister Barmann in Seußlitz pflanzt die ersten Pfropfreben, es folgen Böhme und Nacke in der Lößnitz | 29 |
| 1912 | Gründung des Hoflößnitzvereins | 78 |
| 1912 | In Radebeul und auch in Meißen wird je ein Rebschulverein gegründet | 30 |
| 1912 | Carl Pfeiffer kommt an die landwirtschaftliche Schule nach Meißen | 32 |
| 1913 | Die ersten Goldrieslingreben werden aus Colmar nach Sachsen gebracht | 30 |
| 1913 | Verein zur Hebung des Weinbaus in der Lößnitz gegründet | 35 |
| 1924 | Der Weinbauverband Meißen legt in Spaar einen Musterweinberg an (heute „Unterer Domprobstberg“) | 31 |
| 1927 | Die „Weinbaugesellschaft Sachsen e. V.“ aus der „Vereinigung zur Förderung des Weinbaus in der Lößnitz“ hervorgegangen | 35 |
| 1928 | „Die neue Weinbau-, Versuchs- und Lehranstalt Schloß Hoflößnitz wurde übergeben ...“ | 34 |
| 1929 | Die „Vereinigung zur Förderung des Kleinweinbaues in Meißen und Umgebung“ wird gegründet. (Vorläufer der Weinbaugemeinschaft Meißen/ im allgemeinen „Kleinweinbauverein“ genannt) | 31 |
| 1929 | 1000 Jahre Meißen | 31 |
| 1933 | Der Kleinweinbauverein pachtet den Ratsweinberg und rebt diesen neu auf, später auch Crassoberg (1935), Oberauer Gellertberg und Teile des Katzensprunges | 32 |
| 1936 | Gründung des „Sächsischen Weinbauverbandes“ (Hervorgegangen aus der Weinbaugesellschaft Sachsen) | 35 |
| 1938 | „Sächsische Weinbaugenossenschaft“ wird in der Hoflößnitz gegründet | 36 |
| 1955 | Erste größere Neuaufrebung durch das „Volksweingut Lößnitz“ auf dem Rodeberg in Seußlitz | 38 |

# ANHANG DES WEINBAUVERBANDES

*Institutionen und Partner des sächsischen Weinbaues*

Weinbauverband Sachsen e.V. und Gebietsweinwerbung
Niederauer Straße 26-28
01662 Meißen

Tourismusverband „Sächsisches Elbland" e.V.
Niederauer Straße 26-28
01662 Meißen

Sächsische Landesanstalt für Landwirtschaft
August-Böckstiegel-Straße 1
01326 Dresden

Hoflößnitz
Stiftung Weingutmuseum
Knohllweg 37
01445 Radebeul

Erster Sächsischer Weinkonvent e.V.
Trachenberger Straße 68
01129 Dresden

Winzerchor Spaargebirge e.V. Meißen
Großenhainer Straße 65
01662 Meißen

Verein zur Förderung des
historischen Weinbaus in Schlieben
Frankensteiner Straße 10
04936 Schlieben

Amt für Landwirtschaft und Gartenbau Großenhain
Außenstelle Coswig
Neucoswiger Straße 38a

# Mitgliedsbetriebe des Weinbauverbandes

## *Böttcherei und Weinbau R. Götze*

Die Böttcherei Götze ist ein Betrieb mit Tradition, den es bereits seit sechs Generationen gibt. Im Nebenerwerb werden seit 1980 in Dresden-Pillnitz auf den denkmalgeschützten Rebflächen des "Großen Berges" der Lage "Königlicher Weinberg" 0,3 ha Steilterrassen bewirtschaftet.

Im Anbau befinden sich die Sorten Weißburgunder, Riesling, Spätburgunder und Müller-Thurgau. Die Reben wachsen auf lehmigen Granitverwitterungsböden am geschützten Hang des Borsbergmassives.

In Jahren mit normalem Witterungsverlauf liegt der Durchschnittsertrag bei ca. 55 hl/ha. Angestrebt werden trockene, von Lage und Jahrgang bestimmte Weine mit einer ausgeprägten Reifephase im Ausbau. Dabei erfolgen Gärung, Ausbau und Reifung in traditionellen, weingrünen Eichenholzfässern, die Rolf Götze in der eigenen Werkstatt verfertigt. Das eigens dafür ausgesuchte Eichenholz stammt aus dem Nossener Zellwald, dem Moritzburger Forst oder dem Elbsandsteingebirge.

Zu kaufen gibt es den Wein im Erzeugerbetrieb. Im "Küferstübchen" findet man aber nicht nur Wein, sondern auch verschiedenste Böttchereierzeugnisse.

Die ursächliche Verbindung von Böttcher- und Weinküferhandwerk ist Thema der Weinproben in der Böttcherei. Vorgestellt werden nicht nur Weine aus eigenem Anbau. Familie Götze präsentiert den Besuchern Weine verschiedener sächsischer Erzeuger. Natürlich darf der Einblick in die Arbeit des Böttchers nicht fehlen.

Kontakt: Böttcherei und Weinbau R. Götze
Dohnaer Straße 70 (B 172)
01219 Dresden
Tel./Fax (0351) 2 70 73 54

## *Weingut Friedrich Aust*

Wer im sächsischen Weinanbaugebiet verweilt, sollte einen Besuch der Region um die Hoflößnitz nicht verpassen. Um 1650 ließ sich der sächsische Kurfürst hier einen kleinen Landsitz errichten. Ihm folgten die Angehörigen des Hofadels und auch reiche Dresdner Bürger erwarben Land, um sich kleine Weingüter aufzubauen. Abgewalmte Dächer und Turmaufbauten kennzeichnen den besonderen Baustil der Epoche. Merkmale, die sich auch im Meinholdschen Turmhaus wiederfinden. In dieser historischen Anlage ist das Weingut Friedrich Aust beheimatet. Das alte Winzerhaus stammt aus dem 17. Jahrhundert. Im 19. Jahrhundert wurde ein neues Herrenhaus erbaut.

Zum Weingut Aust gehört derzeit eine bewirtschaftete Rebfläche von etwa 1 ha. Auf dieser in der bekannten sächsischen Lage "Goldener Wagen" befindlichen Fläche spiegelt sich die Rebsortenvielfalt des sächsischen Anbaugebietes wider. Angebaut werden Traminer, Kerner und Müller-Thurgau. Aus der Burgunderfamilie wachsen Weißer Burgunder, Grauer Burgunder und Blauer Spätburgunder auf der terrassierten Spitzenlage, die im kommenden Jahr auf 3 ha erweitert wird. Geplant ist außerdem, eine zusätzliche Fläche mit Riesling aufzureben.

Gekeltert werden die Weine seit dem Bestehen des Weingutes stets im eigenen Keller. Mehrere Jahrhunderte lang war es Tradition, in hauseigenen Pressen die Trauben von den Hängen zu Most zu verarbeiten. Friedrich Aust hat es sich zum Ziel erklärt, diese Tradition fortzusetzen und das alte Weingut zu neuem Leben zu erwecken.

Kontakt: Weingut Friedrich Aust
Weinbergstraße 10
01445 Radebeul
(0351) 8 30 14 54

## *Merkers Weinstuben*

Eingebettet in das Elbtal, am Fuß von Weinbergen, liegt die Gemeinde Diesbar-Seußlitz. Die Ortschaft gehört zum Verband der Elbweindörfer und ist in jedem Jahr Ziel zahlreicher Touristen, die hierher kommen, um den sächsischen Wein zu verkosten und kennenzulernen. Wer mehr über die 800-jährige Weinbautradition in dieser Gegend erfahren möchte, begibt sich auf den interessanten Weinlehrpfad oder stattet der Kirche und dem Seußlitzer Barockschloß einen Besuch ab. Beide Gebäude wurden vom Erbauer der Dresdner Frauenkirche, George Bähr, errichtet.

In Diesbar-Seußlitz beginnt die Sächsische Weinstraße und direkt am Elbufer, gelegen am Radweg von Hamburg nach Prag, findet man die Gaststätte „Merkers Weinstuben". Geboten werden den Gästen einheimischer Wein und sächsische Spezialitäten. Für Weinfreunde, müde Wanderer und Radtouristen stehen gemütliche Zimmer zur Verfügung.

Schon immer gehörte zum Haus ein Weinberg, der seit 1992 von Küchenmeister Merker selbst bewirtschaftet wird. Natürlich kann der im Haus gekelterte Wein in der Weinstube verkostet werden. Wer auch die Arbeit eines Winzers kennenlernen möchte, dem sei gesagt: Für eine Mithilfe im Weinberg ist der Hausherr dankbar. Die ca. 2.500 qm Rebland befinden sich in der Einzellage Seußlitzer Heinrichsburg. Ein Großteil dieser Fläche, etwa 70%, gilt als Steillage, hat also einen Neigungswinkel von mehr als 30°. Auf dem viertel Hektar Land findet man die Rebsorten Weißburgunder, Müller-Thurgau, Riesling und Kerner.

Bei solch einer kleinen Fläche ist ein Weinversand und Gutsverkauf nicht realisierbar. Die Weine werden ausschließlich im eigenen Gastronomiebetrieb ausgeschenkt.

Bei den Weinproben, die übrigens auch in Kombination mit einem Drei-Gänge-Menü zu haben sind, kredenzt Familie Merkers den Gästen nicht nur selbst erzeugte Weine. In der Probenliste und auf der Weinkarte finden sich Gewächse vieler anderer einheimischer Weinerzeuger.

Kontakt: Merkers Weinstuben
Hotel, Wein- und Speiserestaurant
Meißner Straße 10
01612 Diesbar
Tel. (035267) 5 07 80
Fax (035267) 5 03 17

## *Weingut Schloß Proschwitz*

Das Proschwitzer Weingut ist das älteste, noch existierende Weingut in Sachsen. Bis zur Mitte des 16. Jahrhunderts war das Weingut im Besitz der Bischöfe von Meißen. In dieser Zeit waren es vor allem Messweine, die von Proschwitz aus in alle Teile Sachsens geliefert wurden. Durch die Hochzeit von Friederike Freiin von Carlowitz und Prinz Clemens zur Lippe ging das Weingut in den Besitz der Familie des Prinzen zur Lippe über. Mehr als 50 Jahre nach der entschädigungslosen Enteignung seiner Familie kaufte Dr. Georg Prinz zur Lippe 1990/1991 das Weingut zurück. Der Betrieb wurde seit diesem Zeitpunkt kontinuierlich ausgebaut und ist heute mit ca. 50 ha das größte private Weingut in Ostdeutschland.

Auf den Proschwitzer Weinbergen entlang der Elbe werden neben anderen Sorten insbesondere Weißer und Grauer Burgunder, die sächsischen Spezialitäten Goldriesling und Elbling sowie die Bukettreben Traminer, Scheurebe und Morio Muskat angebaut. Etwa 10 % der Anbaufläche sind mit Rotwein, hier insbesondere Spätburgunder und Dornfelder, bestockt. Das Gut ist im Alleinbesitz der Einzellage "Schloß Proschwitz" und besitzt weiterhin Weinberge in der Einzellage "Seußlitzer Heinrichsburg".

### *Qualitätsanspruch und ökologische Orientierung*

Schloß Proschwitz ist als einziges sächsisches Weingut Mitglied im Verband deutscher Prädikatsweingüter (VDP). Die Anbauflächen des Weingutes werden im Rahmen der Richtlinien des kontrolliert umweltschonenden Weinbaus bewirtschaftet. Auch im Keller stehen ökologische Aspekte im Vordergrund. Bei der Vinification wird in besonderer Weise auf eine schonende Traubenverarbeitung, saubere Mostklärung und eine temperaturgesteuerte Gärung geachtet.

Die sauberen, reintönigen, reduktiv und trocken ausgebauten Weißweine werden in die traditionelle dunkelgrüne Proschwitzer Schlegelflasche gefüllt. Die Proschwitzer Spätburgunder und Dornfelder Rotweine reifen im Keller des Weingutes mindestens ein Jahr im Barriquefaß.

Verkauft werden die Weine in der eigenen Weingalerie auf dem Burgplatz der Meißner Albrechtsburg, Öffnungszeiten: von April bis November mittwochs bis sonntags von 10.00 bis 18.00 Uhr oder direkt ab Weingut ganzjährig von Montag bis Freitag 8.00 Uhr bis 16.30 Uhr. Wer es bequemer mag, kann sich den Wein per Paket ins Haus bringen lassen. Ab dem Jahr 2000 ist die Eröffnung einer Straußwirtschaft geplant.

Seit Mai 1998 bietet Schloß Proschwitz weitere Spezialitäten aus Meißen an. In der ersten Meissener Spezialitätenbrennerei steht Hochgeistiges in Form sächsischer Brände, Geister und Liköre für den Liebhaber bereit.

Kontakt

Weingut Schloß Proschwitz<br>
- Prinz zur Lippe -<br>
Ansprechpartner:<br>
Peter Bohn / Vertriebsleiter<br>
Reichenbach Nr. 2<br>
01665 Meißen<br>
Tel. / Fax (03521) 452096

## *Retzsch-Gut Familie Seifert*

Das Weingut in der Radebeuler Weinbergstraße, nahe der Hoflößnitz, gibt es bereits seit 1649. Seine Bekanntheit verdankt das Anwesen seinem einstmaligen Besitzer Friedrich August Moritz Retzsch, dem Maler und Außerordentlichen Professor der Königlich-Sächsischen Kunstakademie zu Dresden. Das Ehrenmitglied der Sächsischen Weinbaugesellschaft malte den Winzerzug anläßlich des bekannten sächsischen Weinfestes 1840 in der Hoflößnitz.

Heute wird das Gut von der Familie Seifert bewirtschaftet. Seit 1972 keltert Klaus Seifert die eigenen Trauben, vor der Wende noch für den eigenen Bedarf und seit 1992 als Nebenerwerbswinzer. Die von ihm bewirtschaftete Fläche ist zu 80 % Steillage. Müller-Thurgau, Kerner, Ruländer und Traminer wachsen auf der ca. 2.000 qm großen Parzelle, die sich in der bekannten Radebeuler Lage Goldener Wagen befindet.

Zu kaufen gibt es die Weine fast ausschließlich im Gutsverkauf und wer möchte, kann in der Seifert`schen Straußwirtschaft vorher ausführlich probieren. Ein eigens für diesen Zweck errichtetes Glashaus mit einer Weinpergola bietet Schutz vor praller Sonne und natürlich auch vor Regen. Vier Monate im Jahr darf vom Winzer hier Wein ausgeschenkt werden. Der Blick vom Garten in die steilen, von Trockenmauern durchzogenen Weinberge ist beeindruckend. Zum Greifen nah sind das Radebeuler Spitzhaus und die unzähligen Stufen der Spitzhaustreppe.

Kontakt: Weinbau Klaus Seifert
Weinbergstraße 20a
01445 Radebeul
Tel./Fax (0351) 8 36 04 00

# *Elbtalkellerei Meißen Weingut Walter Schuh*

*Neugründung des Weingutes nach der Wende im Jahr 1990*

Das Kellereigebäude aus dem Jahr 1874 wurde 1994 neu aufgebaut.

Unser Familienbetrieb bewirtschaftet derzeit 6 ha Rebflächen, ausschließlich traditionelle, für unser Anbaugebiet typische Rebsorten.

Folgende Rebsorten, wie Müller-Thurgau, Riesling, Elbling, Weißer Burgunder, Grauer Burgunder, Kerner, Traminer und Goldriesling prägen unser Weißweinsortiment. Eine entsprechende Sortenvielfalt bei Rotweinen, wie Blauer Spätburgunder, Dornfelder, Dunkelfelder und Regent rundet unser Rebsortiment ab. Mit der Pflanzung der pilztoleranten Sorte Regent beschreiten wir neue Wege im ökologischen Weinanbau.

Der überwiegende Teil unserer Rebfläche wird im terrassierten Steilhang bewirtschaftet, seit 1993 wurde ein Großteil der Rebflächen gerodet und mit traditionellen Sorten wieder bepflanzt. Hochwertiges Pflanzmaterial, sortenreiner Anbau und modernste Kellertechnik garantieren gehaltvolle, rebsortentypische und körperreiche Weine.

Schwerpunkt bei der Wiederbepflanzung sind für uns Rotweinsorten, die in unserem Weingut ausschließlich in der Steillage reifen und zunehmend an Stellenwert gewinnen.

Die Einzellage "Meißner Klausenberg" befindet sich im Alleinbesitz unseres Weingutes.

"Kontrolliert umweltschonender Weinbau" ist in unserem Weingut eine Selbstverständlichkeit. Im Ergebnis des kontrolliert umweltschonenden Weinbaus werden die Umweltbelastungen im Vergleich zum intensiven konventionellen Weinbau minimiert, die Vielfalt der Flora und Fauna gefördert und eine hohe Qualität der Trauben gewährleistet. Bei der Bewirtschaftung unserer Rebanlagen stehen die ökologischen Aspekte im Vordergrund.

"Viel Handarbeit und hohe Bewirtschaftungskosten" prägen den Weinbau in der Steillage. Der Wiederaufbau und Erhalt der denkmalgeschützten Trockenmauern ist hierbei ein erheblicher Kostenfaktor. Dennoch ist es unser Ziel, bereits ab der Jahrtausendwende in unserem Weingut den Weinanbau nur noch in der Steillage zu betreiben.

"Neuzeitliche Kellertechnik und die Handschrift des Kellermeisters" machen aus großen Rebsorten große Weine. Grundvoraussetzung dafür ist eine schonende Traubenverarbeitung, das Abbeeren der Trauben bereits im Weinberg sowie sorgsames Abpressen auf modernster Membrankelter ohne jegliche mechanische Beeinträchtigung der Maische.

Bei der Verarbeitung der Trauben und der Weinbereitung kommen ausschließlich Naturstoffe zum Einsatz. Als Flaschenverschluß verwenden wir Naturkorken höchster Güte.

"Sektherstellung im altklassischen Flaschengärverfahren" macht Laune, dies nicht nur dem Kellermeister, sondern auch den Kunden und Gästen unseres Hauses. Wir sind das einzige Weingut, welches sich in Sachsen seit 1994 mit der Herstellung von Winzersekt befaßt. Alles ist Handarbeit. Nur ausgewählte Weine werden in geringer Flaschenzahl auf Champagnerhefe versektet. Eine lange Reifezeit auf der Hefe ist Garant für einen Spitzensekt. Ein Rebsortencuvee als Markensekt "Bosel" (eingetragenes Warenzeichen Weinhaus Schuh) rundet das prickelnde Sortiment ab.

"Edelbrände", wie "Schieler" Tresterbrand, Weinhefe, Weinbrand oder der hauseigene Traubenlikör zählen zu den Besonderheiten in unserem Angebot.

"Weincafé und Pension" - Wer an der sächsischen Weinstraße entlang reist, ist sicherlich von dem alten historischen Fachwerkhaus, erbaut im Jahr 1819, angetan. Liebevoll wiederaufgebaut, in neuem Gewand und altem Gemäuer, wird Gastfreundschaft zur Tradition. Urgemütlich und rustikal ausgestattet bietet unser Weincafé und Pension allen Gästen erholsamen Urlaub auf dem Winzerhof. Die im Bauernstil eingerichteten Zimmer und eine familiäre Atmosphäre vermitteln unseren Gästen das Gefühl, sich wie zu Hause zu fühlen..

"Erlebnisurlaub auf dem Winzerhof" - Weinbau zum Anfassen oder auch zum Mitmachen läßt bei unseren Gästen keine Langeweile aufkommen. Erleben Sie den Weinanbau in und um Meißen bei einer Weinbergwanderung unter fachlicher Führung und zum Abschluß eine kulinarische Weinprobe. Oder möchten Sie vielleicht selbst Hand anlegen bei der Traubenernte und als Höhepunkt das Meißner Weinfest besuchen?

Herzlich willkommen im Weinhaus Schuh

Kontakt: Elbtalkellerei Meißen o. Weingut Walter Schuh
Dresdner Str. 314
01640 Sörnewitz
Tel. (03523) 84810
Fax (03523) 84820

## *Sächsisches Staats-Weingut Schloß Wackerbarth - Sachsens feine Lebensart*

Das Weingut geht auf das 1730 erbaute historische Schloß des Grafen von Wackerbarth, das 1925 in Radebeul gegründete Staats-Weingut sowie das 1952 entstandene VEG Weinbau Radebeul zurück. Im Jahr 1992 wurde das Gut durch den Freistaat Sachsen übernommen. Ziel der Bemühungen war die Erhaltung der Kulturlandschaft und der mit dem Weinbau verbundenen Traditionen, denn das Staats-Weingut bewirtschaftet Flächen in der bekannten Lage "Radebeuler Lößnitz mit der Einzellage "Goldener Wagen" und den Rebflächen am Schloß Wackerbarth. Ein erheblicher Teil der insgesamt 93 ha großen Einzugsfläche des Betriebes sind terrassierte Steillagen.

Umfangreiche Investitionen in die Rebanlagen, Weinbergsterrassen, Weinbergstechnik sowie die Keller- und Abfülltechnik bilden die Grundlage für die Herstellung qualitativ hochwertiger Weine. Die Angebotspalette des Staats-Weingutes reicht vom Landwein bis zu hochwertigen Prädikatsweinen. In den Jahren 1993, 1995, 1997 und 1998 konnte sogar Eiswein geerntet werden. Die Rebsortenvielfalt auf den Anbauflächen des Staats-Weingutes ist groß und mit 20% der Gesamtrebfläche nimmt der Riesling den höchsten Anteil ein. Angebaut werden außerdem Kerner, Elbling, Müller-Thurgau, Goldriesling, Traminer, Grauer und Weißer Burgunder. Etwa fünf Prozent der Rebfläche ist mit Rotweinsorten bestockt.

Schloß Wackerbarth ist für seine Sekte bekannt. Die Marken "Wackerbarth" und "Schloßberg" konnten sich im Einzelhandel erfolgreich plazieren. Außerdem im Angebot sind die Sekte "August der Starke" und "Graf von Wackerbarth", die ausschließlich aus sächsischen Trauben hergestellt werden.

Täglich von 10-21 Uhr stehen allen Besuchern die Türen des Staats-Weingutes offen. Im Gutsverkauf befindet sich das komplette Wein- und Sektsortiment im Angebot. Natürlich ist auch ein

Versand der Weine möglich. Für Besuchergruppen ab 10 bis 200 Personen werden nach Anmeldung Wein- und Sektverkostungen durchgeführt. Ein anschließender Besuch der historischen Weinkeller und der Produktionsanlagen gibt einen interessanten Einblick in die Herstellung der Weine und Sekte des Hauses.

Während des ganzen Jahres lädt man auf Schloß Wackerbarth zu traditionellen Festen und Veranstaltungen ein. Die Räume im Barockschloß und der Winzersaal können aber gerne auch für private Familienfeiern oder geschäftliche Angelegenheiten gebucht werden.

Kontakt: Sächsisches Staats-Weingut Schloß Wackerbarth
Mittlere Bergstraße
01445 Radebeul
Tel. (0351) 8 95 5-0
Fax (0351) 8 38 70 73

## *Sächsische Winzergenossenschaft Meißen (eG)*

Der Weinbau im oberen Elbtal ist geprägt durch den Steillagen- und Terrassenweinbau, der das Landschaftsbild wesentlich beeinflußt und gestaltet. Die meisten dieser kleinen Parzellen werden mit viel Liebe und Begeisterung von den rund 2.500 Mitgliedern der Sächsischen Winzergenossenschaft Meißen gepflegt. Auf sechzig Jahre Weinbaugeschichte kann die Genossenschaft seit ihrer Gründung 1938 zurückblicken. Ihre Einzugsfläche von ca. 130 ha Rebland verteilt sich über das gesamte sächsische Weinbaugebiet, erstreckt sich über ca. 50 km von Pirna bis Diesbar-Seußlitz. Winzer der Genossenschaft bewirtschaften z.B. Rebflächen in so bekannten Lagen wie dem Rosengründchen, dem Proschwitzer Katzensprung und dem Kapitelberg im Meißner Spaargebirge, dem Goldenen Wagen und dem Johannisberg in Radebeul oder dem Königlichen Weinberg in Pillnitz.

Die Sächsische Winzergenossenschaft Meißen hat ihren Sitz in einem ehemals kurfürstlichen Weingut und setzt das in der Tradition des Weinbaus fort, was einstmals Mönche begannen. Als größter Weinbaubetrieb Sachsens ist die Genossenschaft ein wichtiger Träger des hiesigen Weinbaus und vermarktet Weine aus allen Einzel- und Großlagen Sachsens. Auch Sekte, Perlwein, Liköre und Brände gehören zum Angebot. Neben vielen früheren internationalen Auszeichnungen wurden Meißner Weine auch bei der DLG-Bundesweinprämierung mit Medaillen ausgezeichnet.

Fast die Hälfte der Anbaufläche, 45 %, ist mit der Rebsorte Müller-Thurgau bestockt. Ein Anteil von 15 % ist mit Weißem Burgunder bepflanzt. Es folgen Traminer, Ruländer, Riesling, Gutedel, Scheurebe, Goldriesling und Kerner. Auch Rotweinsorten, wie Spätburgunder und Portugieser, sind im Sortiment zu finden. Die Trauben werden getrennt nach Sorten und Lagen geerntet, gekeltert und verarbeitet. So entstehen unter der Obhut des Kellermeisters sortentypische, vorwiegend trockene Weine, die sich durch ihr ausgeprägtes Bukett und durch Frische und Eleganz auszeichnen.

Auf Anmeldung führt man Sie gerne durch die interessanten Weinkeller und lädt anschließend zur Weinprobe in die Bennostube ein.

Wer beim Sonntagsausflug Weine der Winzergenossenschaft probieren möchte, kann in einer der fünf Straußwirtschaften in Winkwitz, Meißen, Gröbern oder Radebeul Zwischenstopp einlegen. Zu kaufen gibt es die Weine selbstverständlich direkt in der Genossenschaft am Bennoweg, am Markt in Meißen und in vielen anderen Geschäften der Stadt. Wer die Flaschen nicht selbst nach Hause tragen möchte, dem wird der Wein per Paket zugesandt, dabei ist es egal, ob der Besteller in Deutschland, der EU oder in Übersee wohnt.

Kontakt: Sächsische Winzergenossenschaft Meißen (eG)
Bennoweg 9, 01662 Meißen
Tel. (03521) 732676
Fax ( 03521) 739321

## *Weingut HofLössnitz*

Mitten im Herzen Radebeuls, an der Sächsischen Weinstraße, liegt der "Hof in der Lößnitz". Warum bereits der Dresdner Hofadel und der Kurfürst von Sachsen ausgelassene Feste mit edlen Weinen feierten, ist im Weingutmuseum ebenso gut nachvollziehbar, wie die Tatsache, daß der Weinbau hier bereits seit dem Anfang des 15. Jahrhunderts Tradition hat.

Dieser Tradition verpflichtet, werden derzeit vom Weingut sieben Hektar Rebfläche der bekannten Radebeuler Lagen "Goldener Wagen" und "Johannesberg" bewirtschaftet, auf dem Hof gekeltert und als Gutsabfüllungen im hofeigenen Weinladen angeboten. Da Wein von gutem Essen nicht zu trennen ist, können Sie die verschiedenen Sorten auch in der neu sanierten, gutseigenen Weinstube, der "Schoppenstube", zu leckeren Speisen degustieren.

Das Weingut ist ein kontrolliert ökologisch arbeitender Betrieb.

Wir sind Mitglied in der Vereinigung ökologischer Landbau - Gäa e.V.

In den Weinbergen wird auf die Nutzung der von der Natur angelegten Regelmechanismen und die Förderung und Erhaltung der natürlichen Bodenfruchtbarkeit besonderes Augenmerk gelegt. Die Auflagen der ökologischen Wirtschaftsweise werden von einer EU-Kontrollstelle (DE-201) überwacht.

Aus gesundem, hochwertigem Traubengut werden für Sie feinfruchtig elegante und bekömmliche Weine erzeugt.

Genießen Sie im Sommer auf der herrlichen Kastanienterrasse oder im gemütlichen Ambiente der Schoppenstube kulinarische Köstlichkeiten bei einem Glas Wein. Wir freuen uns auf Sie.

Kontakt: Weingut HofLössnitz • Steffen Rößler
Schoppenstube HofLössnitz • Matthias Gräfe
Knohllweg 37
01445 Radebeul
Fon 0351/830 13 22
Fax 830 83 56

## *Winzer Lutz Müller*

Vom Stadtzentrum Dresdens elbaufwärts bis nach Pillnitz, der Sommerresidenz August des Starken, ziehen sich die sehr schönen, malerischen Dresdner Elbhänge hin.

Über der Elbschleife, wo heute die sogenannten Albrechtsschlösser stehen, begannen um 1660 kursächsische Beamte und Bedienstete aus privatem Interesse heraus Weinberge aufzureben. Auf diesen bevorzugten Flächen wurde jahrhundertelang Weinbau betrieben, bis ihn die Reblaus und auch andere Faktoren um die Jahrhundertwende immer mehr zum Erliegen brachten.

Berühmte Persönlichkeiten, wie Melchior Dinglinger, Heinrich Schütz, Ludwig Richter, Friedrich Schiller, Richard Wagner und viele andere wußten die natürlichen Schönheiten der Dresdner Elbhänge, die wundervolle Aussicht und auch die Weine aus diesen Lagen zu schätzen.

In diesem landschaftlich wie weinbaulich schönen Terrain betreibt Lutz Müller seit 1996 Weinbau im Nebenerwerb.

Sein Weg ist eng mit dem Weinbau verbunden. Er absolvierte von 1987 bis 1989 eine Lehre als Winzer im Sächsischen Staatsweingut Schloß Wackerbarth in Radebeul. Nach Abschluß seiner Ausbildung arbeitete er in Weingütern Badens, Frankens, der Pfalz und in Kalifornien.

Seit 1996 bewirtschaftet er mit einigen Hobbywinzern den Weinberg am Lingnerschloß, auch als Villa Stockhausen bekannt. Mit weinbegeisterten Familienmitgliedern, Freunden und Bekannten wurden 1998 der Weinberg unterhalb Schloß Albrechtsbergs und 1999 weitere Flächen im Pillnitzer Königlichen Weinberg aufgerebt.

Sein Ziel besteht darin, auf Basis ausgesprochen guter weinbaulicher Standorte in Verbindung mit optimalen pflanzenbaulichen und kellertechnischen, dem Produkt dienenden Maßnahmen, qualitativ ansprechende sächsische Weine zu erzeugen.

Nunmehr kann er seinen ersten Jahrgang präsentieren. Die 98er Weine sind im Weingut Schloß Proschwitz unter Berücksichtigung der lagentypischen Besonderheiten vinifiziert worden.

*Weinberg unterhalb des Lingnerschlosses*

# ILLUSTRATIONS- UND QUELLENNACHWEIS

## *Fotonachweis*

| | | |
|---|---|---|
| Titelbild | Weinberghaus Schwalbennest | Rühle |
| S. 11 | Meißen - wenn das Abendrot geht und die Nebel kommen | Brück & Sohn |
| S. 20 | Alte Terrassenanlage der Weinberglage Proschwitzer Katzensprung | Brück & Sohn |
| S. 48 | Becher mit dem Dekor „Voller grüner Weinkranz“ | Dr. Thomann |
| S. 50 | Anja I. am Weinberghaus Schwalbennest | Rühle |
| S. 58 | Schloß Seußlitz | Rühle |
| S. 63 | Der Peterkeller - einst Weingut, heute Heimatmuseum | Mosch |
| S. 65 | Blick von der Boselspitze auf Sörnewitz | Rühle |
| S. 66 | Elbtalkellerei Meißen - Weingut Walter Schuh | Rieß |
| S. 72 | Belvedere am Staatsweingut Schloß Wackerbarth | Rieß |
| S. 74 | Haus Lotter | Rieß |
| S. 79 | Die Hoflößnitz - das ehemals kurfürstlich-sächsische Weingut | Rieß |
| S. 87 | Merbitzer Bauernberge | Rühle |
| S. 93 | August der Starke und sein Hofstaat beim Elbhangfest 1994 | Rieß |
| S. 98 | Körnersches Weingut | Mosch |
| S. 106 | Der Winzerchor Spaargebirge e. V. Meißen in der Pillnitzer Weinbergkirche | Rieß |
| S. 109 | Kloster St. Marienthal | Rieß |
| S. 112 | Innenhof im Weingut Hanke | Dr. Steudner |
| S. 114 | Moienmarkt | Dr. Brüchner |
| S. 115 | Im Weinberg Schliebener Langer Berg | Dr. Brüchner |
| S. 117 | Detail in Auerbachs Keller | Rieß |
| S. 120 | Stimmungsvoller Ausklang des Weinfestes | Mosch |
| S. 121 | Ines Hoffmann wird zur Sächsischen Weinkönigin gekürt | Rieß |
| S. 123 | Die neue Weinkönigin Annett Meichsner | Rieß |
| S. 125 | Weinlese | Brück & Sohn |
| S. 127 | Goldriesling | Rühle |
| S. 127 | Müller-Thurgau | Rühle |
| S. 127 | Traminer | Rühle |
| S. 128 | Weißer Burgunder | Rühle |
| S. 128 | Riesling | Rühle |
| S. 129 | Ruländer | Rühle |
| S. 129 | Kerner | Rühle |
| S. 130 | Elbling | Rühle |
| S. 130 | Gutedel | Rühle |
| S. 130 | Blauer Spätburgunder | Rühle |
| S. 130 | Dornfelder | Rühle |

| | | |
|---|---|---|
| Einband-rückseite | Herbststimmung am Pillnitzer Königlichen Weinberg | Rieß |

## *Verzeichnis der Grafiken*



## *Verzeichnis von Urkunden und anderen zeitgenössischen Dokumenten*

# Quellennachweis


*Amt für Landwirtschaft und Gartenbau*
Rebsortenspiegel, Informationsmaterial des AfL u. G, Coswig Mai 1999

*Ambrosi, Dr.Hans und Bräuer. Bernhard (Herausgeber);*
*Böhme, Werner und Rühle, Günter (Autoren)*
Deutsche Vinothek Band Sachsen, Busse und Seewald, Herford 1994

*Autorenkollektiv*
Elbtal- und Lößhügelland bei Meißen, Akademie-Verlag Berlin, Berlin 1975

*Blume, Georg*
Der Königliche Weinberg zu Dresden Wachwitz, B-Edition, Dresden 1993

*Böhme, Werner und Rühle, Günter*
Die Sächsische Weinstraße, Meißner Druckhaus, Meißen 1993

*Böhme, Werner und Münzner, Eberhard*
Unterwegs zwischen Loschwitz u. Pillnitz,
Fortsetzungsserie Dresdner Neueste Nachrichten, Dresden 1995

*Böhme, Werner, Zeidler, Ingrid und Förster, Frank*
Unterwegs durch die Lößnitz,
Fortsetzungsserie Dresdner Neueste Nachrichten, Dresden 1996

*Böhme, Werner*
Kalendergeschichten, Wort & Wein Meißen, Meißen 1997 bis 2000

*Brüchner, Dr.Eberhard*
Weinbau in Schlieben (unveröffentlichtes Manuskript)

*Coburger, Dieter*
„Dresdner Schankordnung vom 16. Oktober 1308. Kurfürstliche Sächsische Weinbergsordnung vom 23. April 1588". Neu herausgegeben und erläutert von Dieter Coburger. Dokumente zur Geschichte des heimischen Weinbaus, Heft 1. Naumburg (Saale) 1998

*Coburger, Dieter*
Das Riesenweinfaß an der Bode. Deutschlands Riesenweinfässer. Nachrichten vom Harzer Weinbau. Dokumente zur Geschichte des heimischen Weinbaus, Heft 2. Halberstadt 1999.

*Fehling, Jürgen und Pardun, Helmer*
Meißner Wein Qualität von Anfang an, Edition Weinland Sachsen,
Meißen 1998

*Gräter, Carl-Heinz*
Die Kelter harrt des Weines, Stürtz-Verlag, Würzburg 1986

*Gröger, Dr. Helmut*
Vom Meißner Wein, Sächsische Winzergenossenschaft Meißen, Meißen 1955

*Gurlitt, Cornelius*
Beschreibende Darstellung der älteren Bau- und Kunstdenkmäler in Sachsen, Band 41, Dresden 1921

*Gussek, Karl Diether*
BJ-Lexikon Der Wein. Bibliographisches Institut Leipzig, Leipzig 1990.

*Kaiser, Horst*
Weinbau in Coswig und den eingemeindeten Weinbauorten
Teilveröffentlichung Vinothekband Sachsen

*Münzner, Eberhard*
Die Loschwitzer Kirche, Kalendergeschichten, Wort & Wein Meißen, Meißen 1997

*Kirbach, Dr.*
Der Meißner Weinbau, Mitteilung des Vereins für Geschichte der Stadt Meißen, Meißen 1900

*Poenicke, G.A.*
Album der Rittergüter und Schlösser im Königreich Sachsen, Leipzig 1854/56

*Rühle, Günter und Böhme, Werner*
Carl-Pfeiffer - Pionier des Sächsischen Weinbaus,
Fortsetzungsserie Sächsische Zeitung, Februar 1996

*Sächsische Weinbaugesellschaft*
„Das Winzerfest der Weinbaugesellschaft im Königreich Sachsen, Hofdruckerei Meinhold & Söhne, Dresden 1840

*Schließer, Liselotte und Förster, Frank*
Carl Pfeiffer, Förderer des Sächsischen Weinbaus,
Edition Reintzsch, Radebeul Mai 1996

*Schumann*
Vollständiges Staats-, Post- und Zeitungslexikon von Sachsen, Zwickau 1821

*Thomann, Dr. Wolfgang*
Wie soll es weitergehen auf Schloß Wackerbarth,
Der Deutsche Weinbau, Nr. 30 Jahrgang 1999

*Ulrich, Gerd*
Archivalien zur Geschichte des sächsischen Weinbaus 1887-1997, Nr. 125
Gesellschaft zur Geschichte des Weines, Wiesbaden 1998

*Weinhold, Dr. Rudolf*
Winzerarbeit an Elbe, Saale und Unstrut, Akademie-Verlag Berlin, Berlin 1973

*Zeidler, Ingrid*
Der Hof in der Lößnitz, Kunst und Antiquitäten, Heft 10/ 1992,
Verlag Kunst und Antiquitäten GmbH

*Zimmermann,*
Vom Weinbau am Katzensprung, Die Heimat, 4. Jahrgang, Meißen 1934